SENZA PAURA

Love your voice.
Love yourself.

The inner voice of love, personal anecdotes, vocal exercises, and self-confidence workbook.

Lidia Rodríguez

Costa Rica

Senza Paura: Love Your Voice. Love Yourself. Ama tu voz. Ámate a ti.
© 2024 by Lidia Rodríguez

Reach Lidia Rodríguez at:
Email: lidiaclassicalsinger@gmail.com
Website: lidiaclassicalsinger.com

Front cover design: Elisa Pinizzoto
Spanish philological review: Alejandra Valverde
English philological review: Kevin Guerrero
Editorial collaboration & publishing: Yvette Farkas

ISBN: 978-1-998333-09-7 (Print Book – Hardcover) *Senza Paura: Love Your Voice. Love Yourself. Ama tu voz. Ámate a ti.*

ISBN: 978-1-998333-22-6 (Print Book - Paperback) *Senza Paura: Love Your Voice. Love Yourself. Ama tu voz. Ámate a ti.*

ISBN: 978-1-998333-10-3 (E-book) *Senza Paura: Love Your Voice. Love Yourself. Ama tu voz. Ámate a ti.*

Published by: Singing Soul Books
Website: www.singingsoulbooks.com
Email: info@singingsoulbooks.com

Disclaimer:
The techniques and tools presented in this book are intended for personal development and growth. While every effort has been made to ensure the accuracy and effectiveness of the information provided, the author and publisher assume no responsibility for any consequences resulting from the application of the methods described herein. Readers are advised to use their discretion and

take personal responsibility when implementing these techniques.

Personal development is a subjective journey, and individual results may vary based on personal circumstances, commitment, and application. It is important to consult with relevant professionals or experts, where appropriate, before applying any of the suggestions in this book, especially if you have underlying health conditions or concerns.

The author and publisher disclaim any liability, loss, or risk incurred directly or indirectly as a result of using and applying the information presented. Readers are encouraged to approach personal development with an open mind and consider seeking additional resources, guidance, or support to complement the tools presented in this book. The author does not endorse any specific methodologies or approaches as the sole solution for everyone.

By reading this book, you acknowledge and agree that you are fully responsible for your own choices, actions, and outcomes. The author and publisher shall not be held liable for any damages, losses, or adverse consequences arising from the information provided.

Your personal development journey is uniquely yours, and this book serves as a guide rather than a definitive prescription. Embrace it with an open heart and a discerning mind.

Dedication

I dedicate this book to all those beautiful people and landscapes that, throughout my life, have inspired and shaped me in character and spirit. Each one, in their own way, has marked my path, my voice, and my soul , guiding me towards who I am today. And, of course, I dedicate it in gratitude to nature, to my parents, and to God, who gifted me with a unique voice color. Thanks to everyone who, during my journey, has provided me with the perfect moments and opportunities to learn to understand and to love my voice better, and who, in one way or another, helped me get to where I am today, seeking to inspire the same in you.

Lidia Rodríguez

Prologue

"If you've ever wanted to express yourself more fully but felt something holding you back, *Senza Paura* is for you. It will help you discover the voice you never knew you had and empower you to live and speak without fear!

Lidia Rodríguez's book is a treasure trove of wisdom that goes far beyond vocal technique. *Senza Paura* is a journey into self-expression and personal growth, with eye-opening insights. Lidia's exploration of how our voices connect to our inner selves is deeply thought-provoking. I was particularly struck by her discussion of vocal "color" and how it relates to our unique identities—it changed the way I think about my own voice and the voices of others around me.

Lidia's warmth and vulnerability made it feel as though I was having a conversation with a friend who just happens to be a world-class vocal coach. The exercises and visualizations she shares are both practical and deeply moving, creating a profound connection with my own voice.

Working on our "voice" can ignite growth in other areas of life. By doing these exercises, you may find yourself becoming more confident in expressing your ideas, better at setting boundaries in personal relationships, and even braver in exploring creative hobbies you've been too self-conscious to try.

Whether you're a professional singer, a nervous public speaker, someone who struggles to speak up, or someone who's always been told to "use your inside voice," this book offers something for everyone. Lidia's gentle guidance will help you embrace your unique vocal color and express yourself with confidence and joy.

Through vivid storytelling, Lidia transports readers from the grand opera houses of Europe to the serene beaches of Costa Rica, all while gently guiding you to explore the landscapes of your own voice and spirit. Her insights into vocal brilliance and the connection between our voices and our authentic selves will resonate with readers long after they've finished the book."

Yvette Farkas, Canada

Introduction

The human voice is a fundamental component of our personality, identity, and our integral being. I don't know how often we think of it as another part of our body, as a near-magical phenomenon that occurs through a combination of various biological and emotional processes. It's also interesting to consider that each one of us is born with our innate voice just as we inherit our genes and the color of our hair, eyes, and skin.

The most important question that came to me with this book was: How can the voice lead us to a deeper level of self-knowledge? How can it reveal parts of our being or our identity that confront us with a mirror where we can see ourselves with fresh eyes? How can it guide us to heal, improve, and love ourselves better?

My goal is to encourage you to love your voice more, recognizing it as that friend who has accompanied and distinguished you, and that has changed with you throughout all your stages since you were a baby. I aim to invite you to listen to your own voice and all the stories it reveals. Finally, by seeing it as an integral part of your being, may it lead you to love and to understand yourself better.

Senza Paura, the title of this book, means "without fear" in Italian, a language from the country where opera was born. This book is not about opera per se, but it does reveal a bit of my personal story, as it was through opera that I have learned everything I know about the human voice in terms of theory, music, and stage performance. It's also where I have been able to deepen my understanding and love for my own voice (a journey that never ends).

I want to share with you, with much affection, the only thing I have authority over, which is my own journey and experience. As you will see in the following lines, I share how my musical anecdotes brought me closer to embodying and deeply feeling life's intense emotions, which, in turn, helped me to better know and love myself and my voice (again, never-ending journey). Senza paura, as you will see in an upcoming chapter, are words that originated from a very personal anecdote in my journey. However those words encapsulate what we truly need to love our life and our voice more: to set fear aside and dare to express or sing what we carry inside, adding light and a smile to make it travel lightly like a bird. I wish you a good journey through these lines. Thank you for being here and I wish you the best of luck in your search for love regarding your sound and your life. Senza paura!

Self-Image: Your Vocal Color

"Color is a power that directly influences your soul."—Wassily Kandinsky

The color or texture of the voice is a concept often referred to by professional singing teachers. With this, they mean much more than whether a voice falls into one of the three major categories traditionally used for male voices: tenors, baritones, and basses, or for female voices: sopranos, mezzo-sopranos, and contraltos. These categories usually refer to the range of the voice (which I will delve into later) and do not necessarily relate to the world of classical singing. All voices have a range , which can be high, medium, or low and a predominance in musical notes or the degree of darkness or brightness that can be associated with that voice.

This is further explored in voice studies for singing, but for now, let's generalize that all voices have a limit in the musical notes they can reach both upwards and downwards. In the professional singing world, color is what ultimately determines which category each voice belongs to. Nevertheless, I would like to focus on the concept of voice color in a general sense.

Voice color is a beautiful topic; it is what qualitatively leaves an impression of your personality on those who know you. It is what determines that the person who is speaking is you and no one else. In fact, studies and practical experience show that babies quickly "hook" onto their mothers' voices even while they are still in the womb. Isn't that beautiful? I would like to take a moment to honor the miracle that happens with the wonderful sense of hearing, which is one of the first senses that develops in the embryo. They can hear from the inside. What do you think they are more interested in hearing? The noise of cars, the sound of the television, or the voices of loved ones? It's almost evident that the little child seeks and needs a connection with the natural. Nothing is more natural in sound than their mother's voice, to the extent that it becomes their greatest point of reference for safety once they are outside. This little interlude has helped me emphasize that the voice is one of the most natural things we possess in our identity; it is something very organic and uniquely ours.

Interestingly, some refer to this concept of voice color as "timbre," which also denotes the qualities and combinations of sound that make a voice unique. It struck me that "timbre" is also the word we use in Spanish to refer to that sound device placed at some houses to announce someone's arrival. Take a moment to reflect with me: isn't your voice, in some way, an entry bell to the world? Perhaps it's a door that announces part of who you are or informs you about the people entering your life through their voices?

Continuing with the theme of color, there are no two identical vocal colors just as there are no two identical humans. No matter how similar two voices may seem, we can affirm that, unlike the rainbow (or perhaps similar to it), there is a color for every human on earth. I liked the idea of the rainbow because the infinity that can come from a single rainbow to color any corner of the planet led me to think about the spiritual origin of our voices, seeing it as if we all came from a great and wonderful rainbow of life out there that gave us a marvelous voice for this life. Yes, all voices are marvelous because they are unique and unrepeatable. No matter if you sometimes feel lost in relation to your voice, or if you find it too nasal or too loud or too different from what you would like. Your voice makes you who you are. My intention is that if you have seen it with a bit of disdain until now, you can open yourself to see it from a new perspective; and if you have loved it so far, then love it even more.

Color is then identity. Nowadays, we use it quite frequently in technology, like in WhatsApp. I have a brief anecdote about this: I don't plan to reveal my age, but when I was a child, we had a radio at home where we played cassettes, and the day I discovered how to press the "record" button, I recorded my voice and my parents' voices. It was a revelation and a huge wonder, and we listened to it repeatedly. I ask you: do you go back and listen to your WhatsApp voice messages repeatedly after sending them? What do you think of your voice? Do you feel that you have a sort of charm when you speak and persuade others more? Or are you someone who prefers to write a text message because you lack confidence or there is something you are not completely satisfied with about your voice?

My goal is not to motivate you to send more WhatsApp voice audios, but I do believe that by answering these simple questions, you can explore your relationship with your voice and perhaps with your personality.

I, despite becoming a professional in the world of vocal performing arts, did not come from a strong extroverted personality; on the contrary, during my school years, I did not showcase my voice confidently. I used it in a "quiet" or "hidden" manner, but I can guarantee that the confidence I had to learn, through theater exercises and exposure to audiences in recitals, created in me a vocal self-awareness that I loved. I believe that after being from the "shy voice" profile to exploring the world of "operatic voice" (which is using a gorilla or lion attitude), generated the confidence with which I can use my voice today, which is very different from that time—even if the occasion requires nothing more than a "small kitten" vocal use instead of a lion's roar.

In the world of performing arts, body awareness plays a very important role: the more attuned you are to your sensations, the more aware you are of your possibilities. Technique, both at the vocal and the physical level, should essentially consist of recognizing tensions and replacing them with relaxation. Practice builds confidence, and confidence, in turn, increases motivation for practice.

In my early singing exams, I literally felt that at any moment during the performance, my voice would crack due to my nerves. Over time, that simply stopped happening. Now, I'm in a phase where I close my eyes and explore my sounds in relation to how free or constrained they feel. I no longer depend on external opinions from a book or a teacher, but I follow my intuitive sensory sense instead. I will probably resume my vocal coaching with new teachers soon because mentorship is vital in my career; however, it's now something very different from the beginning, as the foundation for my next technical achievements is built on my self-confidence, self-perception, and self-awareness.

I invite you to do the same: give yourself the chance to explore your voice in a somewhat animalisticc, imitative sense, like a bird. Play without judgment. Your voice is simply a part of you. You might be surprised by how much it can reveal about your identity.

In this first exercise session, I will only assign you a foundational breathing practice that I have read about in various books and heard from several teachers (along with the addition of a visualization element I chose to include). Nonetheless, taking advantage of the fact that we are going to proceed with breathing, I would love for you to take these brief minutes for yourself, to breathe with your entire body and spirit, to feel immersed in the blinding light of an intense rainbow as if you were inside it, and regardless of how much you love your voice at this point in your life, take a moment to appreciate the miracle of the wonderful voice that was gifted to you and that makes you undeniably you.

VOCAL EXERCISE 1

Stand with your feet approximately shoulder-width apart. Close your eyes and imagine yourself inside a rainbow, but visualize it as an intense white light from which all the colors of the world emerge. Take this opportunity to connect with your whole being and then proceed as follows: inhale deeply and then exhale.

Tilt your head and torso towards your knees, letting your arms be free and light. It should look as if you are trying to touch the floor. You will immediately notice that your breath now has its usual pathway blocked (which is usually in the shoulders or chest). What we want now is to teach your breath to follow a new path and settle in the intercostal area of your ribs. You will breathe in the following order:

- Inhale for 4 seconds.
- Hold for 5 seconds.
- Exhale for 5 seconds.

Repeat this 5 times in a row.

The next day, try it again in sets of 5 seconds and then in sets of 6. Observe how there is greater diaphragmatic activity in the trunk area. Aim for your lungs to fill to their maximum capacity.

When finished, stand up very slowly (as if moving each vertebra of your spine with care) and take another deep breath, gently moving your neck from side to side. Now, take the last breath of the morning (afternoon or evening, as you prefer), and with this breath, send all the love you can to your entire body, which holds your voice; to your whole being, which holds your life.

You can then sit down again and continue your day as usual. I will next share a bit of the story of my journey in singing.

Once again, thank you for being here.

Inspiration: Norway

"Don't let the noise of others' opinions drown out your own inner voice… Have the courage to follow your heart and intuition. They somehow already know what you truly want to become."— Steve Jobs.

Norway was the word that gave me wings or perhaps the one that reminded me that I had always carried them with me. Norway was an exquisite experience that shattered any sense of limitation in my mind and granted me access to ideals and life realities that I treasure and that make me happy to inspire in others.

I like to tell this story, not just as a simple music student from that time. I like to tell it as the ticket to the clouds for a Latin American girl who was born in a rural town, for whom San José was the most urban and unfamiliar part of her world, but above all, it is the story of a young woman in her twenties who felt intensely embraced by life and boarded that plane as if she were mounting the shoulders of a fantastical white dragon of illusion and immensity.

The so-called "first-world citizens" are used to such things: speaking many languages and knowing many countries; however, those of us from the so-called "third-world countries" often think that these are privileges for others and we don't usually "dream" of such qualities because they seem a bit distant from our possibilities; at least, that's how I saw it.

Opera and my foray into classical music came to me in a very accelerated and surprising way, I will refer to that later. For now, I would like to say that opera was simply my entry ticket to an unknown and tremendously thrilling world, essentially because it allowed me to discover the most beautiful stages of my journey: the theater, the foreign country, my own country, and my own life; like the vibrant works sung by the protagonist to whom I owe the most love and responsibility in my life: myself.

In 2015, I arrived home around 9:00 p.m. after university. After hearing a comment about music festivals on the way, I spent late into the night reviewing the website that had been mentioned to me. My eyes lit up when I saw the title of the "Chamber Music Festival" in Stavanger, Norway. The next morning, I woke up with the firm determination to submit my application, as the call for submissions would close in five days.

I always like to remember that my audition video was not of the highest quality, but it was the only one I had. I now recall it fondly because, in a way, it served as evidence of my slim chances of trying, but my excited mind didn't even consider that. Something in me always hoped it could happen.

The festival offered a partial scholarship that covered some expenses. I had just finished my pre-university level and was starting university—nothing particularly competitive, so to speak. My surprise was extremely great when, a month later, I received an acceptance email for everything I had applied for. My mind shattered, and from that moment on, my life was never the same because a fixed ambition had taken hold: I would do whatever it took to live that opportunity. My faith soared without looking back.

I don't think it's necessary to detail the specifics of the festival here, but I would like to emphasize that the intense desire was so great that it made me see the limitations of my limited English knowledge at the time or my lack of knowledge about airplanes, airports, hotels, and even bicycles as minor barriers. To be honest, I don't think I even thought about any of that; there simply was no room in my mind for it due to my exorbitant excitement.

It was a somewhat abrupt experience, considering that I had never traveled before, but in its own way, that's how it had to be on my path to prove to myself part of who I was, rather than part of who I am.

I also feel it's necessary to add that not everything was easy for me. One of the exercises from the score I did in my Master Class did not come out after five attempts: I was blocked. The soprano teacher exploded in impatience and decided to end the class, sending me to study and bringing it resolved the next morning. I felt a lot of frustration, sadness, disappointment, and even shame for my lack of good representation of my own country and many other ideas came to my mind. Fortunately, many hours of study paid off, and not only did she accept me for her next class, but I also participated in the final recital with a Handel piece.

Remember: at every stage of the journey, life is always reminding us of all that we are not, so that we can discover all that we have always been. Don't lose faith.

How do birds learn to fly and sing? My very personal answer to that is that they simply don't learn; they just know and do it. They are not guided by their heads, but by their bodies and their intuition: inside, they have always known what they need to do.

FIRST WORKBOOK:

Do you remember the moment of greatest calm, tranquility, confidence, joy, or excitement you had last week or perhaps last month? It was also your closest moment to childhood in one way or another. Write down what it was and under what circumstances it happened. There you will find clues about who you are, about who you have always been. And one more thing—note if you remember where your voice was at that moment. Did you use it or not? Why or why not? Was your voice comfortable or re-laxed? Or were you silent? Take these minutes for yourself.

_____

_____

_____

_____

_____

_____

_____

_____

_____

_____

_____

_____

_____

_____

_____

_____

_____

_____

_____

_____

_____

_____

_____

_____

_____

_____

_____

_____

_____

Self-Confidence: Your Vocal Projection

"In the universe, everything is interconnected. You cannot pick a flower without disturbing a star."—Francis Thompson.

We talk about voice projection in terms of its ability to travel over distance. We achieve this through breathing.

In the field of acoustics, the voice, like any other sound or musical instrument, will have a "loud" or "quiet" range depending on the circumstances, using everyday words to describe it. When we talk about unamplified instruments (without microphones or speakers), we see that some instruments like guitars sound "soft" and require us to be close to hear their full tonal qualities and the colors the player produces.Similarly, brass instruments like trumpets can be clearly heard from several meters away.

In the previous examples, the difference is related to the materials with which they are constructed, particularly the difference between wood and metal in terms of sound. Of course, I'm simplifying because string instruments like violins and cellos, or even the piano are also made of wood and have different "volume" ranges, which is associated with their size or the design of their resonating chambers, among other factors. What's interesting is that not only do the sound characteristics of the instruments play a role, but the architecture, size, and materials of the space where they are played are crucial in determining the type of acoustic dialogue that will occur.

The voice is similar. Without a microphone, it relies on all its "organic speakers" located in the human body, known as resonators. Broadly speaking, all the bones in our body carry the sound we produce and can support the vibration of the sound we release, but for spoken voice, primarily the facial and chest resonators come into play. This is a broader topic that I don't want to oversimplify, but for the purposes of this book, remember that your bones matter in creating your sound, and indeed, your muscles and organs do as well: your voice is your body and vice versa.

So, what is voice projection? In general terms, it means how well others can hear you from a distance. In singing, it refers to how much air from your lungs you convert into musical sound. In acting, it means modulating your voice a bit higher or lower to find a natural comfort. It is never advised to speak for long periods in a voice tone that is not natural; for example, speaking too low or too high relative to your natural voice type, as this will lead to vocal fatigue.

For professional voice users like teachers or broadcasters, vocal fatigue, pain, or unusual coughing can occur due to incorrect usage. What would be incorrect usage in this case? Perhaps shouting or increasing volume in unnatural ways. My direct and practical advice is that if you're in a classroom; although it may be difficult at first, try to manage discipline without shouting: lower your voice to a soft and quiet tone, so the students get used to your volume and must seek silence to learn. For broadcasters or journalists, if you constantly experience vocal fatigue, visit a voice teacher to get guidelines to determine the range of your voice and musically review which notes are within your range and which are not. You may find that if you have a tendency for lower tones, you might be unconsciously leaning toward higher tones or vice versa, forcing or disguising your voice with colors or qualities that are not its own. If the problem persists after a month of vocal exercises or if you experience pain, you should see a laryngologist.

In summary, your projection depends once again on what is natural and what is not, in relation to the anatomical characteristics of your voice. However, improving that vocal reach or "being heard" can always be enhanced. How do we do it? By applying breathing, so that the effort comes from the air rather than from the larynx.

Over time, I have realized that managing air efficiently works better when approached intuitively rather than trying to control it from our head. The best example of this is babies: you can be sure that the next time you hear a baby crying loudly, there's no need to worry about their voice. If you watch closely how their abdomen moves up and down while they sleep, you immediately know that their breathing is absolutely correct and natural. As they approach the world from their body rather than their head, their cry for hunger or sleep comes naturally from that intercostal air; their cry is not in the throat and will not harm their voice. That's why we can hear them crying from many meters away since the quality of that air turned into sound is so effective that it travels sharply and quickly through space. In summary, babies are experts in breathing and vocal health, and there is much to learn from them.

Once again, a holistic concept of the voice emerges here, which I find really important to revisit in relation to our initial question: How can we love our voice more?

I would like to answer this chapter with another question: why doesn't a baby hurt their voice when they cry, but an adult does? Perhaps because adults have distanced themselves a bit from the holistic and organic sense of their body. For the baby, that's all the guidance they have: to follow their impulses, and vocally, that works very well. If adults harm their voice, it is related to a direct disassociation from their management of air, which in turn is a disconnection from their body.

The truth is that harming ourselves is painful from any perspective, even if it is minor or imperceptible injuries, and once again, the most efficient preventive medicine is taught by babies. Find the natural sense of your voice as something that is immersed and inseparably linked to your body, like a river that belongs to the sea and has no abrupt interruptions in connectivity between one and the other. Your voice is the river and your body is the sea; your self-love is the river, while the beauty, richness, and abundance of life is the sea. Seek your voice right there within your body, interconnected with all your organs and everything that makes you who you are.

VOCAL EXERCISE 2:

This exercise aims to explore the sound of your voice in a simple and playful way. It involves a vocal exercise with a nasal consonant like "M." I want you to sing a song you remember from your childhood using "M." That is, you will hum the melody with your mouth closed, only producing the sound with the letter "M." The sound will not come out through the mouth (its natural channel). Where will it come from, then? Take the task of finding out, not from your head, but from your sensory level. Is the sound in your cheeks? In your eyes? In your ears, forehead or higher up in the top of your head in your hair? Or down in your throat, chest or stomach? Does it feel the same place all the time, or does it vary in certain notes or words?

Give yourself these minutes to feel without judgment and don't obsess over the correct answer about where the sound is; rather, focus on the internal response of whether you can experience it or not.

I have a very important personal story on this topic of projection that leads to lessons and conceptions of the voice that cannot be separated from other aspects of life. Here, we will also start linking how the concept of projection is very much related to emotions of shyness or confidence. In this anecdote, I will talk about the vocal lessons that an Italian teacher showed me about "not hiding" the voice, but above all, about "not being afraid."

Living and Singing Without Fear: Italy

"Replace fear-centered thinking with love-centered thinking."—Deepak Chopra

I left out in the previous anecdote how I ended up in opera. While I was in high school, someone once told me, "You are very artistic; you should study something related to arts or maybe opera." Since the person who said this was someone I trusted, my reply was: "I won't study the arts because I want an important and prestigious career, and as for opera, I said, 'Are you crazy? Opera is awful!'"

It makes me laugh to remember it because; after a couple of years in university exploring other fields, I ended up in opera rather abruptly and quickly and; honestly, from the bottom of my heart, I would say that; although the path has had its stones, sweat, and tears, I do not regret about it. On the contrary, I feel tremendously grateful that the heavens brought me here, to the passionate path of my soul.

How did that sudden and radical event that completely changed my perspective occur? It happened one night while stargazing, a night when I made a very strong wish to the heavens. I still remember the exact prayer I made to God:

"Just as you hold the stars suspended in the void without letting them fall, and you give each one its exact place; even though they may seem capriciously scattered, you have in reality given them their perfect location and purpose… so I ask you to also give me a place as you gave it to the stars."

I had been making music since my early childhood and, in fact, also engaging in introspection, because at the age of seven, I had a diary in which I wrote: "I never want to be an adult because I never want to stop singing Christmas carols." For me, singing and playing melodies had been a magical activity in my childhood. We had discovered it by chance through a small toy piano that my parents had gotten, where I spent long hours searching for fragments of "Happy Birthday" and other melodies. Later, my grandfather bought a slightly larger electric keyboard so that I and the other grandchildren could make music. I now think about that special openness that all grandparents in the world have to listen with complete attention and delight to their grandchildren's creative expressions. To my four grandparents, eternal thanks for your precious ears and voices, and a big hug to heaven!

There were also other influential figures along my journey who encouraged me to sing, and I remember them with great affection. I sang in a lovely ecclesiastical youth choir for many years, and later (quite late, due to lack of confidence) in school academic activities.

I had started my general studies in another university program and had a strong sense not of misplacement, but rather of plurality. I felt that my personality was too diverse to fit into a single discipline and had a fervent thirst to develop myself artistically. That feeling stopped the moment I was accepted into the pre-university program for singing (at that time, lyrical singing wasn't even in my vocabulary). From there, an intense and passionate journey began, one that would not slow down until the pandemic. It slowed down, but it did not lose its purpose. Writing this book is part of my redefinition and reconnection with that journey I embarked on years ago, and I thank you, dear reader, for your valuable time spent reading these lines because you amplify my joy in serving by allowing me to relive with you the traces of my path and to strengthen our wings for the coming flights for you and me.

Closing this parenthesis, I resume the Italian story I was telling. It is a beautiful anecdote that I greatly enjoy sharing. Again, I believe that the magic of my travels and singing, even beyond musical notes, holds very human experiences, and that's what I love about art, it makes me human and sensitive to the humanity of others.

This happened in Pianello, Italy, near Piacenza, which is part of Milan. There was another festival taking place. I stayed in Piacenza and planned to take the bus to the town. Being in Italy, the least you expect is for the local bus or train service to run with a frequency similar or better than in your hometown. I was wrong. Piacenza had only two buses a day to Pianello, and both had already left. There were no trains for that route, and the distance was about thirty kilometers. I didn't come to stay asleep in the hotel, so I opted to pay for a taxi, which cost about ninety euros, and immediately decided to eat only lettuce for the week if necessary. As a good backpacker and Latin American student, I had brought plenty of provisions like spaghetti in my suitcase, as I could cook at the place. Therefore, I didn't think twice about taking the taxi. Well, maybe I thought about it a little, but I went ahead.

That week was intense, both emotionally and musically. I felt quite inferior hearing Europeans and Asians sing and. For me, the biggest musical lesson was in the words of Niccola Martinucci, "Senza paura!", which means "Without fear!"

These are powerful words for any human being, regardless of their profession. What was clear to me was why was opera born in Italy?In their manner of expression and even in their spoken voice, but more so in their singing, Italians have no paura.

Nevertheless, the story doesn't end here. When the participation certificates were handed out on Friday, they read my name and said that I should receive applause because I came from Puerto Rico, the only one from Latin America. I didn't even hear the last part because in my mind there was a mental noise saying: "Sir, I'm not from Puerto Rico, but from Costa Rica; they are two different countries." However, I remember very well that Martinucci's eyes widened and he stared intently. Now I understand a little better why that happened. He and a festival organizer had passed by in their car and didn't recognize me. Now, he knew that the girl walking was me and they told me later.

I had fortunately paid for my accommodation in Piacenza for only two days, and for the other three, I stayed a bit closer to Pianello at a wonderful place that I would wholeheartedly recommend to any traveler going to those lands, Il Giardino di Laura.

I want to open a new parenthesis to say that my change from Piacenza to Il Giardino di Laura was emotionally and even spiritually significant. As a child, I was a girl with sensitive nerves and I hadn't remembered that feeling of misalignment or anxiety for 15 or 17 years. I experienced it in Piacenza, not only because of the taxi (Oh! On the return, I was able to sort out transportation… it was the first thing I secured upon arriving at the local theater and everything was arranged for the following days), but that night I felt lonely and misplaced as I hadn't felt in a long time. Part of it was the level of the other singers, I don't know, but there was an emotional misalignment and sadness. I remember with much love that while venting by writing in a notebook by the lovely river behind the theater and amazed by the warmth and decorative beauty of Il Giardino di Laura, with its vegetable gardens, homemade jams served at breakfast with freshly squeezed orange juice and other delights, everything returned to normal for me on that trip. Here is an excerpt from my personal notes from that notebook: "This is my enchanted garden where the connection with beauty outweighs the power of the world. This is a little treasure where I find details in every little thing and forget the sorrows of the day. The arms of the automatic gate open as if they were the arms of God waiting to pamper and care for me." (From my personal notebook. August, 2018).

Martinucci is, among the artists I met at my festivals, one of the artists I admired and honored the most. A great artist who sang in all the major theaters of the world such as La Scala in Milan, the Metropolitan Opera in New York, Teatro Colón in Argentina, among many others. He was the one who told me, "la voce è lì vicina, e deve essere lontana. Canta senza paura!", which means "the voice is very close here and must be far away. Sing without fear." However, now, something else happened that marked my spirit:

After handing out the diploma for the student from Puerto Rico, Martinucci approached and, without me knowing even today what exactly moved his heart, said to me with the fervent voice of a father, "Andare avanti! Tu hai una bellissima voce! Studi! Avanti!" ("Go forward! You have a beautiful voice! Study! Go ahead!") and, saying goodbye, left a €200 bill in my hand. I remember that as soon as he left, I knelt down and let my tears fall. It was too many emotions for one week and his words were too much for a heart like mine. My eternal gratitude, Maestro Martinucci!

SECOND WORKBOOK

Do you remember what I noted in the guide from the previous chapter about being able to measure sensibly on your own to have more possibilities? Well, similarly, I think that is the ideal awareness expected of us as we grow up—to be more responsible and move forward. The truth is that mentors on the path are invaluable treasures. I could have believed Martinucci's words on my own, but the truth is that the tears that flowed from me that night came from the reaffirmation of someone who represented great authority to me. If he said it, he must have been right and his words were like a decree to me. I was honored above all that he believed in me and strengthened my self-confidence in that way. I can only give you a simple guideline in this chapter, which did not come from me, but from a great mentor: Avanti! e Senza paura!

You can write here how you would transform each of your fears into confidence. List them and let them go.

NOTE: You are everything behind the fear. Your voice works that way too. Dare to enjoy it without comparisons!

Self-Improvement: Your Vocal Range Extension

"Know thyself."—Sócrates

To provide a bit of continuity from what I mentioned in the chapter on vocal projection, let's now turn our attention to the concept of vocal range. I previously mentioned that our voice operates within a limited range of low or high notes. This is what we mean by vocal range.

By nature, every voice has a defined range of notes. We are most familiar with the case of voice change in boys during puberty. Before this happens, a child's voice resembles the vocal range of women, as it is noticeably lighter and higher. Children can easily reach very high notes although within children's voices, some boys are in the mezzo-soprano range while others are in the soprano range; that is, from childhood, voices are subdivided into those with a higher tendency and those that encompass lower notes.

To explain it better, if we had a xylophone or a flute, we would see that the first note is C, followed by D, then E, F, G, A, B, and C. This represents a full octave, which is 8 notes.

Almost all voices, when they start their first singing lessons, begin with a limited vocal range. Referring in this case to the number of notes, these students sing within a restricted set of musical notes and not with the full range of notes they naturally possess. For example, if a voice starts with a range of 8 notes, or a full octave, by working on their range in singing class, they will aim to integrate more notes that they can approach with freedom and naturalness, achieving even, in some cases, three full octaves of range.

I repeat that within the nature of each voice, there is already an indication of range from childhood, and; in the case of men, what happens as their voice "thickens" and becomes darker is simply a transition from the higher female soprano or mezzo-soprano notes to being categorized within the group of mature male voices such as basses, baritones, or tenors.

What does this reveal about the nature of your own voice and perhaps your personality? It is interesting because, in the world of musical theater or opera, characters are broadly categorized according to certain social archetypes. For example, deep male voices are often used for evil characters, while light, high, and clear female voices are used for fairies and goodness. In between, there are various options for more rebellious and extroverted characters. Of course, these are associations made by composers to accentuate their characters with certain social stereotypes. However, these composers also venture to explore "outside-the-norm" options without assigning a specific archetype to a particular voice.

With this prelude, what I want to convey is two ideas related to personality. On one hand, there will certainly be character tendencies associated, for social or cultural reasons, with our voices, depending on whether they are more grave or high-pitched. On the other hand, we are always free to choose what we want to accept from social and cultural principles and what does not work for us.

To illustrate this better, personalities with a certain authoritarian leadership style often project a "very strong commanding voice" and may try to add more weight to their voice or make it sound deeper and more resonant than it really is. On the other hand, I have read in singing literature that some women, also for social reasons, tend to make their voices higher than normal to feel more feminine or, conversely, add more gravity to their voices when they wish to give an impression of greater personal appropriation or rebellion.

My desire here is to encourage you to base your personal appropriation on the nature of your authenticity and to avoid making uncomfortable or harmful adjustments to your voice to create a specific impression on others. Again, if your voice experiences discomfort, pain, or injury, it could be associated with a misalignment with your true voice.

What else can the concept of vocal range teach us? I would think that recognizing that before we dare to sing or push our voice to extremes we are not used to, we might believe that all our vocal potential is limited to an octave or less. However, with proper exercises, as we claim notes that have always been ours, it is like making a new conquest of self-awareness, buying distant lands that have always been ours, essentially using, enjoying, and not hiding them in darkness or fear of the unknown.

In any case, this book does not only focus on motivating you to sing (though that wouldn't be bad, as the popular saying goes, "He who sings, scares away his troubles"). Even if it is not your intention to discover with music direction what is the lowest note you can produce and what is the highest, the range can still reveal something, there are things that belong to your world and others that simply do not.

Regarding the voice, it will feel comfortable and familiar moving within a certain range of musical notes and will feel unfamiliar and uncomfortable moving in ranges that do not belong to its vocal extension. With training, we can all slightly expand our range, just as muscles can increase their strength and toning with exercises. Still, there will always be a range of notes you will never reach because they simply do not belong to the nature of your voice.

This reveals a lot about each person's personality. Knowing ourselves better helps us understand which food we digest well and which we do not, what information and emotions we handle better and what we do not, in what areas of our lives we need to set limits and in what areas we should dare to step out of our comfort zone. Just as your voice sets the boundaries for its range of action, you can do it too, with your intuition, you may recognize what is best for your life and what is not. Knowing ourselves is the best path to loving ourselves better.

In the next chapter, I will share the story of my two visits to a wonderful country that taught me two important and necessary sides of life—two sides that could be categorized with words like failure and success, but that for me were simply advances in my own self-knowledge and personal love. Indeed, the lessons life brings are not always easy or pleasant, but I believe it liberates us a great deal to remove negative connotations and see them simply as part of the journey. I also believe that as we reach the climax of this book, I will encourage you to face unknown and perhaps fragile areas of your voice without fear, but above all, I hope to motivate you to embrace them for the simple beauty that they are part of you.

VOCAL EXERCISE 3

We have already covered a breathing exercise and a closed-jaw exercise. It is now time to open your jaw and let your sound out. Believe it or not, this is always an act of great courage. Perhaps the most challenging thing in the world of voice (and perhaps personality) is presenting ourselves intact as we are, allowing our vocal sound to come out without veils.

Therefore, I will show you a simple exercise that will help you understand when the voice is veiled and when it is not. Vocal teachers refer to this concept as "airy voice," which occurs when there is a veil of excessive air in the sound emission that steals the true timbre or color of your voice:

I want you to try to whisper very softly and with almost no volume or sound a beautiful vowel "A," you can either intone it or sing it. Now do it again, but place a long and slow "J" before intoning the "A." If you did it in a whispered manner, it should sound like you are soothing a child. You can sing a melody with this syllable "JJJA," but always with a subdued voice.

It turns out that by doing this, you might have noticed that the "J" absorbs part of the sound of the "A," and it might seem that we are only hearing "half of your voice," with the excess of air in the emission slightly clouding your natural timbre, like steam clouds a window. You can try it again if you like to explore what happens.

Now I want to guide you to "remove the cloudiness or the veil." Simply remove the "J" and go directly to intoning your "A" with all the confidence you can muster, but also with calm because we are not looking to force it. This time, you can increase the volume and perform a melody or a full song intoned with the "A." While doing so, make sure you are not singing with "half of your voice", but with your beautiful, full, and confident voice. Also, please check that your jaw drops completely, that it is a huge "A" (without over-tensing), an "A" of "Outside" and not an "O" of "Dark." It should be clear, clean, and very open.

Did you notice any difference? I believe the essential difference is actually made by confidence, but the trick of the "J" and the idea of making a whispered sound, almost as if you were blowing and not singing, shows us the phenomenon of when the air is passing without significantly engaging the vocal cords, reducing sound and timbre; that is, stealing identity.

There are moments in life when it is acceptable to speak or sing in a whisper, but it is not something we should overuse, given that indeed, speaking with a nearly inaudible whisper "as if telling a secret" for an extended period quickly generates vocal fatigue. Interesting, isn't it?

I really like what this exercise illustrates because your two vocal cords, which are stored and silent within your throat, seem to be always waiting for you to pass the air through them and be ready to present yourself with full and confident being and voice, and not to limit yourself to a version that is always timid or embarrassed, using only half of your voice or presence, as this actually harms your voice and your heart. I am sure that; although sometimes it can be a bit difficult to always be ourselves and we often act like little turtles that quickly retreat into their shells at any apparent danger. The world out there is ready and waiting to receive your beautiful presence, your beautiful voice, and all the gifts of your soul and being. If you feel that the world is not ready, then it's even more so because it needs your essence.

Transcending the Feeling of Failure: Mexico

"Failure will never overtake me if my determination to succeed is strong enough."—Og Mandino.

I first traveled to Mexico in 2017 and returned for a second time in 2019, both trips were for the same festival in the same city. In fact, I had a third trip in 2023, where I attended as a teacher and performer, but it is not about that third trip I want to discuss here. The first time I visited this wonderful country, I was preparing to cover the role of Clarina in a piece called "La Cambiale di Matrimonio," or, at least, that was what I had been informed about my virtual audition via email. When the day came for the conductor to listen to the singers in person, we were gathered in a small theater auditorium where he heard the principal roles and the covers. When it was my turn, having hardly been exposed to such live auditions before, I was a bit nervous, but I sang the piece. The conductor's brief and direct words were, "You are not ready yet."

As I write this story, I think about the power of the word "yet." The truth is, at that moment, I didn't even hear that word because embarrassment clouded my mind. I was deeply disappointed for a couple of days. I had already been to Italy to see the real world of opera and now, it was my turn to hear from Mexicans, who, as is well known worldwide, use their wonderful voices with no fear.

Here I return to that mental stage I mentioned in the first chapter; it's hard to recover when you have an exponential vision of your profession or dreams. Logically, after A should come B, and after B, C, and so in an upward trajectory. However, life often surprises us with "Bs" intruding after "E." The feeling of failure or humiliation hits harder when compared to that arrow-shaped graph, but; after several such "failures," I want to modestly share (and knowing that more of these disappointments await me), part of what I have learned from failure. It all boils down to this: what if it were not all about that diagonal arrow with a starting point and a goal? What if there were also a sort of circular spiral arrow?

What I mean is that not all lessons are intellectual, academic, professional, logical, or explainable. I could give you many mathematical reasons why I wasn't prepared for the role of Clarina on that day. They would all boil down to technical study details and, above all, a lack of confidence in using the voice. Nonetheless, digging a bit deeper into what failure truly teaches us (besides humility and perspective), let's use the following question: where do you feel failure in your body? Perhaps in your face, if at that moment you feel ashamed or maybe in your chest, if it's mixed with sadness and vulnerability. Where do you feel it in your body?

With this, I'm only trying to appeal to the concept of "multidimensionality" that we all possess. I wouldn't be able to tell you exactly where I felt that failure in my body, nor would I claim that I connected correctly with that feeling at the time. What I can say is that once I assimilated it, I was ready to get back on the path of "not giving up."

Your greatness isn't in what you achieve, but in who you are; nor necessarily in what resonates with noise and is heard, applauded, or praised by everyone. I once heard a wise person say that one of the noblest and most beautiful acts of love happens just before the sun sets when the gardener who patiently prunes his garden brings beauty to the world. It all happens in anonymity and remains a secret between him, the sun, and the roses.

Likewise, I am here to tell you that you are much more than your achievements and evidently much more than your apparent failures. You are the potential energy of all change and beauty. Besides that, I am sure that there is more beauty in taking the necessary calm to embrace mistakes than in the fruits we might later reap from them.

I don't have much more to add about this experience because; moreover, this book isn't focused on my achievements, but on yours and how I can help you get a little closer to them, but above all, help you get a little closer to yourself.

I will say that what comes next is indeed inspiring and uplifting. I returned in 2019 and the same director who had previously told me "no", now gave me a wonderful "yes". He selected me to take on the lead role of Hansel in Humperdinck's German opera "Hansel and Gretel." Oh! I also performed the role of Clarina that same year in my country in several performances.

I could use the word "demonstrate" to refer to proving something to him and to myself, but that word fits better with a diagonal arrow graph. I'll use a phrase that better fits the circular spiral drawing instead: "I grew".

THIRD WORKBOOK

On a personal level, I believe we are always growing, whether we like it or not, we are doing it at different speeds according to the choices and needs of our personal journey. I think that each month of the year we can ask ourselves, just like the moon, what we wish to integrate into ourselves and what we need to let go.

The voice goes through the same metamorphoses as butterflies and people. It is the musical instrument most frequently "intervened" in a day-to-day life, by the visit of water, food, health or illness, joys or sorrows, rain, cold, heat, and so on. Yes, the voice itself is a small entity apart that is intrinsically modified by the human being who carries it.

Some people believe that the only metamorphosis of the voice is the drastic change experienced by young people during puberty: their change from child to adult (and this also happens in girls, though it's less noticeably). Nevertheless, as I explained above, small metamorphoses happen daily or over periods of certain durability: periods of higher or lower vocal activity, greater flexibility and range of tones and colors or less of these, periods of employment, unemployment, leisure, vacation, exercise, rest, etc.

I would like to give you a colorful mosaic to help you better understand your own voice, like a box of brushes and paints. Decorating your voice is like decorating your soul. Do you remember the notes do, re, mi, fa, sol, la, si, do? That is my box for you; each note is a color that takes your voice to a new space of resonance. Which of the 7 is your favorite?

Next, write down which metamorphoses in your life have marked a turning point for you, significant changes. I give you the septenaries as a guide. Think about your septenary from 0 to 7 years, then from 7 to 14, from 14 to 21, from 21 to 28, from 28 to 35, from 35 to 42, from 42 to 49, from 49 to 57, from 57 to 65, from 65 to 72, from 72 to 79, from 79 to 87, and beyond if you are older. Depending on your case, you have lived through 3, 4, 5, 6, 7 septenaries or more.

Consider the metamorphoses that brought the best changes to your life, the best decisions and moments of greatest joy and happiness. Note that it has always been you. Additionally, if you would like, write down which metamorphoses you still have to accomplish for the pending dreams in your life. The ideas that come to your heart with these questions are important because they reveal genuine desires you carry with you and can intuitively mark new possibilities and new paths to follow. Believe me, the voice goes with you and the voice feels and lives with you through all your paths.

_____

_____

_____

_____

_____

_____

_____

_____

_____

_____

_____

_____

_____

_____

_____

_____

_____

_____

_____

_____

_____

_____

_____

_____

Self-Knowledge: Your Vocal Flexibility

"Look deep into nature, and then you will understand everything better."—Albert Einstein

What does the word flexibility mean in the vocal world? Perhaps the first response many will think of is related to the number of "acrobatics" a voice can perform. Some might think of ventriloquism (the intriguing ability of those who handle puppets and speak for them without barely moving their tongue). Others might think of impersonators who can achieve many famous characters of great diversity, all portrayed by the same person. Then, there are actors or singers who perform incredible feats of complexity with their voices.

Yes, in some ways, all of this can be related to flexibility, but within the formal world of vocal study, flexibility refers to the speed with which a voice can approach many notes, allowing it to move more lightly, like a little mouse that explores many possibilities.

In this world, we talk about coloratura voices, which are characterized by their ability to move very quickly and often reach higher-than-average notes. This reminds me that three of the coloratura voices I have known are all quite active, versatile, and "seemingly never still"; if I had to compare them to animals, I would associate them with mice, squirrels, or small birds. All of them have the ability to move quickly and achieve their goals promptly. In the plant kingdom, I would associate them with spring, where wind and ornaments like flowers predominate.

On the other hand, there are also voices that stand out for their thick timbre and lesser speed, often projecting a more "boisterous" quality. These are often called dramatic voices.

Interestingly, countries with very harsh winters, like Russia, often produce many dramatic lyric voices, while warmer regions like Central America or South America offer many lighter voices. Again, I want to clarify that I do not intend to make crude generalizations where we assume that Nordic countries have more heavy voices and tropical countries more light voices, as we would need a census and data to verify the vocal range of all citizens. What is important to highlight here is that nature does indeed offer slight differences in the flexibility of each voice and by delving deeper into self-awareness, looking at the animal and plant kingdoms can help us feel which natural movements or personalities resemble our own and which do not.

I want to be clear in this chapter that flexibility is a concept that distinguishes voices, but I do not intend to imply that lighter voices are superior to heavier ones or vice versa. On the contrary, the main goal I have discussed throughout this book has been to find out what properties and qualities make your voice as unique as your personality and entire being.

Consider that there are people with very "thick" voices and very sweet personalities, and conversely, people with high and small voices with imposing personalities. I believe we all have predominant elements of one and small traits of another. This brings to mind the world of Feng Shui, a Chinese philosophy that associates life with elements of nature. Some of us resemble earth or wood, others metal, water, and fire. Each of these elements has a distinctive character.

What I am trying to inspire now is not for you to resemble one of these elements, given that in my view, there are not just seven colors in the world, but as many as there are people on earth. However, it is clear that lilacs and turquoises are closer to the range of blues, just as salmon and pinks are closer to the range of reds.

This entire mosaic of the natural world can help you reflect a bit: which color, animal, or material element do you predominantly feel associated with? Within the divisions of light or dramatic voices, which do you think best categorizes the family to which your voice belongs?

The last thing I want to share with you in this book regarding the characteristics of the voice is something I recently learned in a course: the importance of knowing the bipolar peaks of your personality is that you can recognize that both polarities make you who you are and that you need both your areas of "strength" and your areas of "weakness" to equip yourself with everything you need to face life.

For example, in my case, my personality test revealed that I belong to a group called "the enthusiasts," but what that test taught me is that while I am quite sentimental, my opposite pole—rationality—would benefit me greatly if I use it to find balance. Likewise, if I am a fast and efficient person, I also need to nourish myself from those who are slow and passive. It's all about complementarity.

I believe that in terms of personality and also vocal flexibility, I resemble a squirrel. Although in terms of range I am categorized as an intermediate voice, that is, mezzo-soprano, it does not mean that I cannot reach quite deep or high notes. I like to constantly test myself outside my comfort zone, but I believe that the opposite—tranquility and stability—also brings me much peace and balance. Regarding projection, my voice, when it has enough clarity and air, can travel far, as it did in the National Theater of Nicaragua, Rubén Darío, when I had to sing as a soloist and without amplification the alto voice of Mozart's Requiem. However, that does not mean that in terms of personality or in other moments of greater introversion or shyness in my life, that voice will not project efficiently; it may remain hidden within emotions of fear or bodily disconnection from only following directives from my head.

Of the five elements, I feel especially connected to wood and air, but water connects with me a lot and I definitely enjoy fire; perhaps metal is the element with which I relate the least. As for color, what color am I? My favorite color is salmon and; undoubtedly, my personality is also in the world of warm colors rather than in blues or cold colors or; within the seasons, I feel predominantly spring-like although; undoubtedly, there is a lot of summer, autumn, and winter in me.

Going forward, when I try to define my voice and personality color, I will only be able to define it as my name. My color is Lidia, the color that I will only paint in this world. What about you? What will you paint now?

VOCAL EXERCISE 4

In this last practice, I will no longer guide you through a respiratory exercise, nor through consonants with a closed jaw or vowels with an open jaw. We have reached the final practical exercise of this book and; at the same time, we have reached the peak of beautiful reflections on how your voice is an intrinsic, beautiful, and inseparable part of your being. It is one of the banners that announces, presents you to the world and makes you who you are..

Therefore, in this final exercise, I am not going to ask you to breathe silently or make soft sounds. I want to motivate you to express yourself with the full authority of your voice for a moment.

This will be an acting exercise, but we might end with a musical one as well. I have a text for you that I want you to narrate like a professional actor or actress. It's truly amazing what such exercises provide to a person in relation to the full use of their voice. Through my 10 years of experience in teaching of singing, I have found that there is no more effective strategy than asking a student to recite their song's text with as much property as possible because it is in this physical attitude of composure, drive, and courage that they are encouraged to present and project their voice out there with all their air, will, and vital energy.

The instructions are really simple. I will provide a poetic text and you will read it with the following instructions in mind: imagine you are standing on the stage of a grand theater and that by declaiming this text, you will reach the last person in the farthest seat. We will try to apply everything learned so far in the following manner:

- **Color**: Above all, confidence in your own voice and timbre. Imagine that the bright rainbow is there and you are just a part of it. Inhale deeply, hold for a few seconds, and then exhale.

- **Projection**: To be heard, you won't need to shout. Simply take a huge breath of air and project your voice far as if throwing a baseball. Again, what will prevent it from being a throat shout is the impulse, confidence, and attitude coming from your abdomen. Just let this idea of "being heard in an immense auditorium" guide you without the use of a microphone. This idea alone will give you the result we are looking for.

- **Range**: You can momentarily hum the consonant "M" to ensure that the facial resonators are where you will aim to project your voice and not get trapped in the larynx. When you finish the exercise, you can try repeating it and play with three different tonalities: low, medium, and high tone; that is, read the text sometimes "finely" like the sound of a bird or a mouse and other times "roughly" like the sound of a bear or a lion. Then, play with an intermediate tone between the mouse and the lion.

- **Freedom,** lastly, ensure your voice feels free enough. Don't add unnecessary weight. How will you do that? Again, with the confidence and air speed of that baseball you plan to throw. Trust in the natural mechanics of movement. It's more about feeling than thinking.

Those are all the instructions for you. Here is the text. Change that serious face and enjoy the exercise! Enjoy and love your voice!

YOUR BREATH IS THE
BREATH OF THE FLOWERS

(Gustavo Adolfo Bécquer).

"Your breath is the breath of the flowers,
your voice is the harmony of swans,
your gaze is the splendor of the day,
and the color of the rose is your color.
You give new life and hope
to a heart already dead to love,
you grow from my life in the desert,
like a flower growing in a wasteland."

At the end of this exercise, if you feel motivated to sing, you might choose a song you like and recite its lyrics aloud and expressively about three times. Then, you can sing it with all your freedom. Give yourself this gift in a private moment where you are not afraid of hitting wrong notes or having any external parameters judging whether you did well or not. In this moment, give yourself permission to listen to yourself with love.

Connection with Earth, Water, and Purpose: Costa Rica

"There are only two ways to view the oceans: as the coasts that separate us or as the water that keeps us united."—Lidia Rodríguez

I returned to Costa Rica in 2020 after living a full year in Germany. I came back in the midst of the pandemic. I believe that everyone reading this book in 2024 knows what the pandemic meant in each of our lives and in our entire humanity; it was one of the most significant upheavals we all received in one way or another, one that, like earthquakes, came to shift the tectonic plates of our collective and individual identity.

During the pandemic, even while in Europe, global cultural activity came to a halt and; upon my return to Costa Rica, it was no exception; thus, my work activity came to a standstill, as it did for many people that year.

My advantage at that time, as in many other experiences in my life, was that, as revealed by my personality test which I mentioned earlier, I am categorized within the group of enthusiasts and optimists. Therefore, I began educational projects with children to inspire them to achieve versions of themselves that soar even further than I did.

Then, in 2022, a wonderful life experience came along that allowed me to apply musical education in a multicultural and international educational center. It is located in a place that I consider one of the most exuberant natural paradises on the planet and a natural sanctuary located in my country: Bahía Ballena, in Península de Osa, in the southern region. There, I had the wonderful privilege of working with children and young people from many parts of the world and exchanging knowledge in different languages, as well as in the universal language that is music. That's when I began a philosophical quest about what unites and separates us as humanity, then I found this metaphor: we are all boats navigating the sea of life; we all have different musical tastes, just as we have different tastes in clothing or food, etc.

These slight differences are our boats, but no matter how far or different you feel from all those boats around you, we all have something in common: the water supports us and unites us. It doesn't really matter if there are many things you would prefer not to hear or not to say, there are others that are of universal importance such as peace, respect, and justice, no matter how "in your world" you might feel, you are part of a greater world that we all are part of and to which we all must attend.

This idea that the water unites us kept coming to my mind as I watched the waves at the shore and reflected on how it was possible that such an immense sea connected to the other side of the world with such distant and different countries. That's when I began to feel that the coasts speak to us of our differences and of all the kilometers that separate one shore of the land from the other (including the great cultural differences of the people who inhabit each shore). However, the water in between actually brings us close; just steps or minutes away from entering it and immediately being connected with the other shore, which the sea also wets in a matter of minutes.

Entering the water of Bahía Ballena almost every week for an entire year changed my life, vision, and sorrows. Yes, of course, I carried my sorrows for not being active singing in the way I would have liked, though I must say I had the most intimate singing I had ever had because for a whole year I sang in anonymity for myself and the sea, and nothing else. The seawater truly has a magical power and if you are on a beach shaped like the tail of a whale drawn on a sea entrance connecting two beaches, you immediately feel connected with cetaceans and the animal and plant kingdoms, all in the same place.

What was beautiful about that nature is that it became my confidant and my companion, and I came to feel that It could understand me like no one else. I also learned to understand it. Some afternoons I saw it so rebellious and temperamental that I preferred to respect it and give it space, while asking it why it was so moody. I almost felt I could hear its response telling me that it needs its space as well and has the right to feel temperamental without anyone approaching it, just as we humans do. While, on other days, it was the passivity, the tranquility in the waves that made you feel like you were in a natural and warm pool with the best sunsets, with open arms to comfort you, relax you, encourage you, and restore your strength.

The most extraordinary thing the sea taught me was on a physical and spiritual level. The sea or water, in general, has the ability to disconnect you immediately from your head, if you allow it. It's like unplugging the cable that immediately turns off the television and there's no dialogue up there anymore, just time to simply be in the present moment. Only the sea taught me to unplug and, after practicing this for so many afternoons of the year, I learned to connect with a subtle and gentle dialogue, that is the dialogue of peace.

I returned in 2023 to my beloved beach, which I now consider my Artistic Home that rekindles all the inspiration of my soul. I came back for a wonderful project that has all my heart and is called "Singing Soul" (You can learn more about the project in the appendices). This 2023 project consisted of workshops and concerts aimed at presenting music and singing as vehicles to convey values of environmental conservation and the promotion of peace.

Children from different parts of Costa Rica and also from Bahía Ballena referred to the planet under the concept of "home" (this word as such came from them and not from me) and; through various songs and compositions around cetaceans, we all delved into the idea that just as a forest is made up of many trees, each of us contributes a voice to the world, a voice that can bring beauty and peace.

Then, to close the anecdotes of this book and the message I wanted to convey, there is no better place for me to say goodbye than from the sea of Bahía Ballena, Costa Rica and from my heart of Singing Soul. Your external voice is inextricably linked to the voice of your soul and, as Steve Jobs said in the epigraph I placed at the beginning of this book, external noise often drowns out our own voice. Perhaps sometimes you try to put your energy into the world, but you feel like you've drawn in the sand, easily washed away by the waves, and your imaginary castles and desires are reduced to nothing. I might, from a somewhat fantastical perspective, encourage you to think that the reign of your being does not happen on the shores, but within the depths of the sea. That what your heart feels matters greatly in the universe and what your voice emits draws grand castles everywhere that remain in the hearts of those who know you.

There are world standards that sometimes hurt or frighten us. This is also reflected in the internal voice in our heads and the timbre of our throats; these are, to me, the shores of society. You don't always have to agree and not everyone will agree with you, but if you look closely, there is no war in it. Some are turtles and others are whales, but both have the same home. Inside your home, you have everything you need. Your home is life, and in your life, your voice is a door or a window. Do not be afraid of going outside and exposing your own voice to simply be you. Your voice is a treasure and a companion that is with you every day. Your voice can bring comfort to others, but most importantly, it can give you comfort. Your voice is a channel for bringing more love, more peace, and more beauty to the world, and that certainly starts with bringing love to yourself.

FOURTH WORKBOOK

What daily details can you incorporate to bring more love and peace to your voice and your life? Write down one detail for each day of the week:

Monday:_____

_____

_____

_____

_____

_____

Tuesday:_____

_____

_____

_____

_____

_____

Wednesday:_____

_____

_____

_____

_____

_____

Thursday:_____

_____

_____

_____

_____

_____

Friday:_____

_____

_____

_____

_____

_____

Saturday:_____

_____

_____

_____

_____

_____

Sunday: _____

_____

SENZA PAURA Love your voice. Love yourself.

_____

_____

_____

_____

Self-Esteem: Your Vocal Brilliance

"Greater light within you, greater brilliance in the world."—Shakti Gawain

The brilliance of the voice is closely tied to an individual's color and anatomy, but it is not the same thing. As mentioned, color is the unique and irreplaceable timbre each person has, it is also closely related to their personality.

Brilliance can be better appreciated and explained in sung voice than in spoken voice, but; in both cases, it is linked to the clarity of each voice and it is very close to the act of smiling. In vocal technique terms, smiling activates the cheekbones and facial resonance while; in human terms, it activates the joy of the spirit. As you know from this book, I will return to this idea later. Nevertheless; before delving into that, let me revisit the concept from a technical standpoint.

The upper teeth, cheekbones, and forehead form very important facial resonance spaces for the voice. A voice that shines with its natural brilliance is one that does not feel forced, dark, or fearful. On the contrary, it is an open, fresh, present, and free voice. If it is singing, that voice will have a natural vibrato and presence; if it is speaking, the same applies.

In some way, one could think of it as a "sparkling" voice, like an intense neon color or a shower of lights.

Brilliance is essentially present and clear. In acoustic singing, it is distinguished because a voice without brilliance will not reach beyond the first rows of the theater; it needs brilliance for projection and amplitude. In the case of singing using sonic mediation, whether for a live event or a recording, brilliance is especially noticeable in attitude and the same goes for spoken voice. Technically speaking, brilliance is closely linked to the attitude of presenting oneself and feeling bright, confident, and well.

I remember that for one of my recitals; while I was adjusting my technique due to a change in voice teacher, the piece I had to perform was a character that was already "sparkling" in itself: cheerful and clever, with very good ideas. I couldn't achieve the required brilliance and since I had little time to familiarize myself with vocal exercises, it was easier for me to smile and "embody" the character as much as I could. I remember well that in the dressing room, I looked in the mirror and said: now I am Lidia and; then, I did a stretching exercise on the floor and when I got up and looked in the mirror again, I said, "I am Rosina!"

Notice that what the character conveyed to me was an inner confidence and that gave me the confidence to perform the piece from beginning to end. Although this was an acting resource, I believe that sometimes it is very valid to adopt the attitudes of those people or characters we admire to complement what we may lack at a certain time.

I liked the word "sparkling" that I used above. Think of a starry sky full of comets appearing simultaneously. That is the power of your smile. That is the power of your brilliance and your voice.

VOCAL EXERCISE 5

In this exercise, I won't assign you anything concrete about vocal technique. Instead, I will ask you to keep a note for a day of how many times you smile today and to try to perceive if the smile brings a different quality to the sound of your voice.

Searching for New Horizons: Austria and Salzburg's Alps and Castles

"It is not the mountain we conquer, but ourselves."—Edmund Hillary

I have decided to place this chapter at the end of the book although chronologically, Salzburg happened before Bahía Ballena. However, I wrote it after I had finished writing the anecdotes from the previous four countries that I considered including. I thought the book was finished and that the previous chapters were ready, with nothing more to add. However; after finishing it, I felt that it wasn't ready because there was an anecdote I hadn't narrated and that is quite important to me, not only in relation to 2020, but also in what I personally wish to explore for my self-knowledge in 2024; after all, that's what I've invited you to throughout these pages. Sharing it with you helps me answer my own questions. Thank you again for that.

I had been living, studying, and working in Germany towards the end of 2019; an unforgettable year of my life with beautiful experiences, especially on a family level. Yes because; in Germany, I found a second family that accepted me as one of them, and this bond not only gave me that feeling of "zu Hause" (which means "being at home" in German), but also provided me with refuge when the pandemic started in early 2020. I felt safe, and life and the year continued very close to normality even though theaters and culture outside had frozen in Europe. I had around me four children and two grandparents with whom theater did not stop.

I'd like to insert a small parenthesis here about something very important to me. I truly believe that love and empathy are part of the intrinsic mission of all humans and that loving is not necessarily finding situations, places, or people that are identical to you; rather, love and empathy often begin precisely in the face of diversity, with someone from another place, who speaks a different mother tongue, or who was formed in different traditions or cultures. There, in what is not the same as you, you are capable of loving: being yourself in harmony, allowing the other to be as they are and; thus, bringing together two or more musical notes that when sound simultaneously, form beautiful chords and melodies.

Yes, Germany was primarily a period of family and culture for me, but there was also music.

Although it was more in Austria where my final musical experience occurred and where a big question mark was raised for me. It was September 2020 and I was a few days away from returning to Costa Rica after my stay in Germany and the time for the Salzburg competition I had entered arrived.

I still want to wait a moment before narrating the anecdote because I want to bring up a comment not only in relation to singing competitions, but also to the uniqueness of our voices and our lives.

The voice is not separate from our body or soul unless we think or want it to be to some extent; but; even so, that extent will exist only in our heads...and yes! Be careful! Because our heads create a lot, much more than we sometimes believe.

Nonetheless; essentially, the voice is us and we are the voice and in our voice is our soul and heart. Therefore, why is it sometimes difficult for us to find our uniqueness if we literally already carry it? Or why have we all, one way or another, at some point in our lives, felt threatened by what is outside and felt a lack of clarity or justice about who we are?

Again, only in our thoughts separation can exist. Of course, there is a lot of injustice out there, but in relation to our voices, our being, that conflict of separation may be necessary for a time to teach us lessons, but not eternally.

Returning to the Salzburg narrative, I will not deprive you of a magical element that happened in this story. One morning, while I was in the German family's living room, I thought about how much I would like to have a wine-red dress for the competition. I asked the sky in one way or another at that moment. A few days later, the German lady came into the house with a black bag and said, "Look, Lidia, this was my quinceañera dress. We had it in storage, and I thought of donating it, but I wanted to ask you first if you would be interested in having it since you often wear evening gowns to sing." It was a beautiful wine-red dress, exactly my size and to my total liking. I didn't have to sew a single centimeter longer or wider, which was rare because the lady was a very tall Austrian; I was a version of her at fifteen, but it fit wonderfully.

To me, it was a miracle, a beautiful gift from God for me in these extraordinary circumstances. Now that I think about it, it wasn't necessarily a gift for the singing competition, but a gift of companionship for the joy of my heart.

I felt a fantastic sense of omen wearing that dress in Salzburg; I thought about saving it for the second or third round. Then, I thought it would give me more courage to sing with it in the first round of the competition. I sang a short aria (an opera excerpt) by the composer Donizetti in front of the panel. One of them said "Danke" (thank you) at the end of my performance, and that was it. There was no second or third round for me.

It is interesting that there are pivotal moments in life where we expect clarity to make important decisions and where we would like a wine-red dress at the beginning and end of the hallway. Uncertainty was all I felt now. From my perspective and faith, I dare to add that I believe we always have wine-red dresses, signs or gifts on both sides of the path, but if our mind is fixed on a single expectation that naturally disappoints us, we won't be able to see it. It has taken me several years since that day, but I feel that until now, I am wearing that dress I didn't see, which actually signifies the other side of what we cannot contemplate with tearful eyes, lessons and maturity that only time provides, and some purpose to discover.

Uncertainty and; of course, sadness was my feeling that night. After a few hours of coming to terms with the results of the first round, I called a tenor friend who gave me some comfort: in this race, you receive a thousand "Nos" before getting a "Yes." Remember that it's not about speed, but about endurance. Keep going.

In the morning, I went for a walk in the center of Mozart's city (Salzburg is the city where Mozart was born). I thought that perhaps his spirit would bring me some comfort and inspiration, but I was still very angry, so there was no room for inspiration.

Angry now with Mozart for not saying anything to me, I climbed up the small mountain where I was staying and then walked further up the mountain (several hikers were taking this route).

I climbed that beautiful little mountain in Salzburg, which seemed to be enjoyed mostly by locals, as tourists concentrated in the city, which is not surprising given its history and charm. Anyway, I climbed up and sat there and sitting there, I had my long-awaited conversation with God about my burgundy dress and my poor results. The view was radiant because; from that height, one could see a good portion of the Alps mountain range in a circle. I hold a personal reflection from that day regarding small-ness and vastness and, especially, about patience and time.

While I felt sad and looked at the GPS to find the map of Germany and my country, I thought a bit about where I was now and what would come next for me. I noticed that the mountain I was on at that moment was on the other side of the Königssee (my favorite lake in Germany) and reflected on the relativity of perspective when looking at the castle and the city, which now looked so small and the mountains that appeared very different from how I saw them from down below. My gift that day was this: the idea of the vastness that we always carry within us, a vastness that, depending on where we are, will look different.

Of course, in a panel of judges, the particularity of each voice cannot be overly highlighted. It is their job to find the mistakes and it is the job of the contestants to give their best and prepare with the utmost dedication possible. Indeed, I believe and know that if you use it for your growth, a competition can bring out professional re-sults and improvements that might not emerge otherwise. That is part of your capital after any competition, not just the satisfaction of the effort put in and the participation, but also the fruits that you hold in your hand regarding your level and your performance, which is now better than before. It is worth using them to your advantage and the advantage of others if you wish.

My questions from that experience are now better answered for me and after these four years, this experience has settled in my being. I know this because; now, there is a novelty that was missing back then and that I wish to share with you. There is a significant difference between putting yourself at the center of competitiveness or the industry as your only option than approaching it as just one possibility. For the circumstances that should have been for me, Salzburg that year became my only boat, my only option and; for an entire year, I made it my greatest illusion and my expectations revolved entirely around that single possibility. The emotional risk is greater under those conditions, and experiences, even on a human level, are sometimes not as rewarding.

Now things are different for me because competitiveness is part of my world, but not my entire world and; from that place, one can even be encouraged to contribute to what does not yet exist or at least to simply play with other possibilities with greater peace and inner stability. I can attend a singing competition, but neither my life, nor my career, nor my future entirely depend on it. I can allow myself to go to those competitions or auditions with a different awareness regarding my technical improvement and personal growth, but; above all, in the enjoyment of sharing and making art. Not being selected for the role or not winning the prize I aimed for, only deflates one balloon in a list of many more helium balloons that I lift into the sky of my everyday life and also my dreams. Having more balloons up there is quite important and; by that, I mean more alternatives and projects that provide a sense of self-fulfillment, satisfaction, and service.

It could be that this book is being read right now by a musician or a student, and I would like to take the liberty of advising you based on all these experiences, to lift many balloons into the sky of your life and, to at some point, give yourself the opportunity to approach the world of competitiveness with this perspective: seek there what brings out the best in you if you need it. Challenges are truly necessary and; of course, challenges can also be done privately and individually if that's better for you. However, once the competitive event is over, whether you "lose" or even "win," consider all that energy that only you can provide, as the unique being you are on the face of the earth.

The fact is that developing this book has made me consider the beauty and importance of singularity. As I mentioned in the first chapter, the fact that you have a unique voice that no one else has means a lot. Without being tragic, think for a moment with me: when we depart from this world, how will your voice be remembered? More than a question that connects us with death, I believe it is a question that connects us with life and love because I am sure many people will miss your voice. Probably, what will be most missed about your voice will not necessarily be the renowned speeches given publicly; sometimes, it is, for more distant relationships, but for your close ones, the most cherished voice will undoubtedly be the one you used to speak, sing, or share with love. Isn't it a beautiful opportunity to have a voice, don't you think?

Therefore; after this book, the theme of singularity will undoubtedly continue to be very relevant to me. I took the liberty of sharing many personal anecdotes here firstly due to the trust this space has offered me and; secondly, with the great hope that you would see in me and in the emotions behind my experiences, the simple journey of one more human being who has tried to use and love the voice that God gave her, in gratitude and love.

Remember your singularity in all spheres of your life. We need you being who you are. With your own voice. Senza paura.

FIFTH WORKBOOK

My last workbook for you I want to suggest in coherence with the famous quote with which I began this chapter, attributed to one of the two climbers who first reached the summit of Mount Everest, Edmund Hillary: "It is not the mountain we conquer but ourselves."

The voice is a channel to the outside world, but undoubtedly also to the inner world. Goals and mountains are great motivations in life that primarily encourage us to sculpt ourselves as a sculptor carves wood or stone. From the first step to the last, each marathon counts towards the final result and also towards the quality of the overall process of the path we travel.

Your voice is also the sum of all the minutes invested and breathed so far because that is also life and the voice is part of your life.

I would like to encourage you to think for a few moments about what makes you unique and singular in your voice and in your life in general. Don't search for details where you try to stand out in relation to the majority of people, as if you need to find some kind of buried elixir within yourself. That makes the task more complicated, and; in reality, this exercise is meant to be very simple.

Inhale and exhale. Inhale and exhale. Inhale, hold, and exhale. Just try to be with yourself for a few more breaths. You don't have to compose yourself, nor configure yourself with complex scientific operations, nor combine the most exotic ingredients to create the recipe of your being. You just have to breathe. Tune in with your uniqueness as one inhales the scent of a unique perfume.

With that simplicity that you already are, without letting your mind complicate it, go out there, expose your own voice, and simply be you.

Write down what you feel when you breathe calmly without pretensions or worries, commit to choosing a space and place to simply breathe during your week, and play with the following questions: If you were a perfume, what fragrance would you like to share? If you were a human being with a unique soul and voice, what else would you like to conquer?

_____

_____

_____

_____

_____

_____

_____

_____

_____

_____

_____

_____

_____

_____

_____

_____

_____

_____

_____

_____

_____

_____

_____

_____

_____

_____

Final Reflections

I truly hope you have enjoyed this book as much as I have and that it is as useful and meaningful to you as it has been to me. I must thank you, as the motivation to write these words for someone who wished or needed to hear them gifted me with wonderful hours of connection with my own story and voice, and I hope that's what inspired you as well.

I don't think I have much more to add at the moment, other than encouraging you to look at your voice every day with the admiration it deserves because the truth is that it, like your whole body and all your senses, is a genuine miracle, just like your life itself. Whenever you wish, it is there to reveal pieces of yourself that you might have overlooked or forgotten and, most importantly: it is always a current path to finding yourself and loving yourself more each day.

Your voice will continue to be the vehicle that channels your sweetness or any emotion you carry with you; as you know, its nature is to be transparent like glass.

The good thing is that; now, you know this is all about continuing to be human in our best version, putting a bit more love into it and progressing each day further on the path toward a life, Senza Paura!

VOCAL EXERCISE 6: Final Visualization

I didn't want to say goodbye without giving you one last exercise with one of the mindfulness practices I love the most, which is visualization. I advise you to find a suitable place and time where you won't be interrupted, a time just for yourself. Close your eyes.

We will start by taking some slow, deep breaths. Inhale deeply for a few seconds and then release the air. We will take another breath slowly and; after a few seconds, exhale. Once more, inhale and exhale.

In the next breath, I want you to think of a negative emotion you'd like to let go of, perhaps a fear or a complex. After inhaling, imagine sending it away from your life and letting it go. Inhale peace and exhale everything that no longer belongs to you. Inhale love and exhale fear.

Now, imagine you begin walking and enter a mountain tinged with blues, lilacs, and purples. Just after you've taken a few steps, you smell the freshness of an environment with very pure floral air. Inhale and then exhale. As you continue on your path, you notice two immense lakes with an intense turquoise color, one opening to your right and the other to the left of your path; you cross both via a wide and secure road ahead. Inhale and exhale.

Soon you discover where the floral scent comes from because on both sides of the path you're walking, there are large bunches of radiant and fragrant natural flowers, in various shapes and colors, as well as long leaves. You advance along this path and feel peace. Inhale and exhale.

Then you notice that above your path, there are guitar-like strings drawn on the road; they are more like luminous rows that seem to emit sounds as you walk by. You continue moving forward. Inhale and exhale.

From the water of the lakes to your right and left, gentle breezes fill your lungs with the purest air, giving you health and vitality. This breeze lightly caresses your hair and face and you see some birds flying from one side to the other between the lakes, guided by the wind and forming arcs as you pass.

Now, toward the end of this path, you reach an ancient circular bridge made of large marble-colored rocks. You climb onto it and have a panoramic view of the landscape. You turn around and look at what's in front of you. Behind you are the great volcano-shaped mountains that shield the winds as your lungs do. Inhale and exhale.

You realize that thanks to that air and when you decided to walk, the magic of sound emerged around you. A unique sound that you haven't heard anywhere else. A one-of-a-kind sound. This path resembles your vocal cords, whose texture and hidden ingredients create colors on Earth that no one else has the ability to make. Inhale and exhale.

Now, you resume your journey home.Then, you turn around and soon leave the bridge. Take one last look at the place and think about the beauty and peace you allowed yourself to find today, how good it feels to be here. You wonder for a moment how you could visit it more often or if that would be possible for you. At that moment-, in this land of imagination, something special happens for you. The path rolls up like a circular staircase and that wheel comes to you and settles in your throat. The turquoise lakes and the two blue mountains dissipate into tiny particles and settle into your two lungs, along with the birds that settle beneath your ribs in a circular pillow of your body called the diaphragm.

Inhale and exhale and; curiously, you have an ancient sensation as if they had always been part of you and as if these places where they are now are where they have always belonged.

On the other side of the bridge, now remains a white color like a blank canvas and you immediately think of all the worlds you are capable of creating, all the energy that can flow from you, all the emotions you are capable of feeling and all that your voice can emit.

You bid farewell to the scene by blowing a sweet wind that imprints a beautiful image on the canvas, but the canvas is now a mirror and you see yourself. You send more of that air of yours that comes from the lakes and mountains of your lungs and rises through the textures and sounds of your larynx. That air you sent to the mirror comes back to you again- and you think about how good that also feels. Suddenly, the mirror turns into a photograph that reduces to a pocket size, fitting into your heart. There you decide to store it. Now, you know your superpower. Inhale and exhale. Inhale and exhale.

You will gradually return to the here and now of your everyday life, being aware of your body and; to close this moment, slowly place one hand on your heart and the other on your throat and simply tune into the flow of vital energy running through you. and thank your whole body and all the peace that dwells within you. Thank your voice. Thank your whole life and your entire being. Inhale and exhale.

I bid you farewell for now, thanking you once again for your valuable time accompanying me in these pages and for having a vocal color and a human color that makes you irreplaceably you. Whatever you wish to emit with your voice or build with the energy of your heart in this world, it is necessary and is possible. Believe in you. Love your voice. Love yourself.

Note: You can contact me for any questions or comments about this book at the email address lidiaclassicalsinger.com. You can also find complementary materials related to the book on my website lidiaclassicalsinger.com, and you can obtain a free downloadable resource by clicking on the word "Senza Paura" in the following QR code.

Thank you again, and I look forward to our next meeting!

About the Author

Lidia Rodríguez began her musical journey surrounded by the sounds of Christmas carols, the melodies of

 her parents, and the birds in her hometown. She went on to complete her pre-university and university studies in singing at the Universidad de Costa Rica in San José, setting the foundation for a remarkable career in classical music.

Lidia has graced international stages with her performances. She was a soloist in Mozart's *Requiem* at the Rubén Darío Theater in Nicaragua and starred in the opera *La Cambiale di Matrimonio* in Costa Rica. In Mexico, she captivated audiences as Hansel in Humperdinck's *Hansel und Gretel* at the 2019 San Luis Potosí Opera Festival. Her talent has taken her to chamber music festivals across Norway (2015), London (2017), and Italy (2018). Lidia also furthered her vocal and linguistic studies in Munich, Germany, from 2019 to 2020.

As a dedicated teacher and vocal coach, Lidia has led masterclasses and performed at renowned events such as Festinart San José 2022 and the Knish International Music Festival 2023 in Hidalgo, Mexico. Specializing in classical chamber music, oratorio, and art song recitals, she is also actively involved in 'Artistic Residence Singing Soul,' which includes concerts and workshops that use music and singing as vehicles to promote environmental conservation and peace. Additionally, Lidia offers vocal and language coaching to students worldwide.

SENZA PAURA

Ama tu voz.

Ámate a ti.

La voz interior del amor, anécdotas personales, ejercicios vocales y de autoconfianza.

Lidia Rodríguez

Costa Rica

Dedicatoria

Dedico este libro a todas esas bellas personas y paisajes que a lo largo de toda mi vida me han inspirado y me han moldeado en el carácter y en el espíritu. Cada uno, a su modo, han marcado mi camino, mi voz y mi canto, y me han conducido hacia quien soy hoy. Y por supuesto, lo dedico en agradecimiento a la naturaleza, a mis padres y a Dios, que me dotaron con un color único de voz.

Gracias a todos los que a lo largo de mi jornada han traído los momentos y las ocasiones perfectas para aprender a conocer mi voz y amarla mejor, y que de una u otra manera propiciaron que hoy esté acá buscando inspirar lo mismo en ti.

Lidia Rodríguez

Prólogo

Si alguna vez has querido expresarte de manera más completa, pero sientes que algo te detiene, **Senza Paura** es para ti. Este libro te ayudará a descubrir la voz que nunca supiste que tenías y te empoderará para vivir y hablar sin miedo.

El libro de Lidia Rodríguez es un verdadero tesoro de sabiduría que va mucho más allá de la técnica vocal. **Senza Paura** es un viaje hacia la autoexpresión y el crecimiento personal, lleno de ideas que abren los ojos. La exploración de Lidia sobre cómo nuestras voces se conectan con nuestro yo interior es profundamente reflexiva. Me impactó especialmente su discusión sobre el "color" vocal y cómo se relaciona con nuestras identidades únicas; cambió la manera en que pienso sobre mi propia voz y las voces de los demás a mi alrededor.

La calidez y vulnerabilidad de Lidia hicieron que se sintiera como una conversación con una amiga que, casualmente, es una entrenadora vocal de clase mundial. Los ejercicios y las visualizaciones que comparte son tanto prácticos como profundamente conmovedores, creando una conexión profunda con mi propia voz.

Trabajar en nuestra "voz" puede estimular el crecimiento en otras áreas de la vida. Al realizar estos ejercicios, es posible que te vuelvas más confiado al expresar tus ideas, mejor en establecer límites en relaciones personales e incluso más valiente al explorar pasatiempos creativos que antes te parecían demasiado intimidantes.

Ya seas un cantante profesional, un orador público nervioso, alguien que tiene dificultades para expresarse o alguien a quien siempre le han dicho que "use su voz interior", este libro ofrece algo para todos. La guía suave de Lidia te ayudará a abrazar tu color vocal único y expresarte con confianza y alegría.

A través de narraciones vívidas, la autora transporta a los lectores desde las casas de ópera de Europa hasta las serenas playas de Costa Rica, mientras te guía suavemente a explorar los paisajes de tu propia voz y espíritu. Sus ideas sobre el brillo vocal y la conexión entre nuestras voces y nuestro yo auténtico resonarán en los lectores mucho después de haber terminado el libro.

Yvette Farkas, Canadá.

Introducción

La voz humana es un componente trascendental de nuestra personalidad, identidad y de nuestro ser integral. No sé qué tan a menudo pensamos en ella como un miembro más de nuestro cuerpo, como un fenómeno casi mágico que sucede tras la suma de varios procesos biológicos y también emocionales. Es muy interesante también considerar que cada uno trae su voz innata de la misma manera en que se nos dotan los genes o el color de nuestro cabello, ojos y piel.

Las preguntas más importantes que me surgieron junto a este libro fueron ¿Cómo la voz puede conducirnos a un nivel más profundo de autoconocimiento? ¿Cómo ella puede revelarnos porciones de nuestro ser o nuestra identidad que nos encaren frente a un espejo donde podamos mirarnos con una nueva mirada? ¿Cómo puede conducirnos a sanar, a mejorar y a amarnos mejor?

Mi objetivo es intentar motivarte a amar más tu voz, reconociéndola como esa amiga que te ha acompañado y distinguido, y que ha cambiado junto a ti en todas tus etapas desde que eras un bebé. Mi objetivo es invitarte a que escuches tu propia voz y todas las historias que revela. Y finalmente, al mirarla como parte integral de tu ser, que ella te conduzca a conocerte y amarte mejor.

Senza paura, el título de este libro, quiere decir "sin miedo" en idioma italiano que, como habrás oído por allí, fue el país donde nació la ópera. Este libro en realidad no se trata de ópera, pero sí revela un poco la historia de mi persona, ya que por medio de la ópera aprendí todo lo que sé a nivel teórico, musical y escénico sobre la voz humana y donde, a su vez, puede profundizar en el conocimiento y el amor hacia mi propia voz (un camino sin fin).

Quiero compartirte con mucho cariño lo único sobre lo cual puedo tener autoridad, que es mi propio recorrido y mi propia experiencia, y como verás en las líneas que siguen te comparto la manera en que mis anécdotas musicales me acercaron a profundizar y encarnar emociones intensas de la vida, las cuales me ayudaron a conocerme y amarme mejor a mí y a mi voz (nuevamente, un camino sin fin). *Senza paura*, como lo verás en un próximo capítulo, son palabras que nacieron en una anécdota muy personal de mi camino, pero contienen en sí mismas lo que realmente necesitamos para amar más nuestra vida y nuestra voz: dejar a un lado el miedo y atrevernos a decir o a cantar lo que llevamos dentro, quitarle peso y ponerle más brillo y sonrisa para que viaje en la distancia con la ligereza de un ave. Te deseo un buen viaje a través de estas líneas, gracias por estar aquí y mucho ánimo en la búsqueda del amor sobre tu sonido y sobre tu vida. *¡Senza paura!*

Autoimagen: Tu color vocal

"El color es un poder que influye directamente sobre tu alma"—Wassily Kandinsky

El color o textura de la voz es un concepto al que se refieren a menudo los maestros profesionales del canto, y con ello quieren ir mucho más allá de si una voz se cataloga dentro de los tres grandes grupos que hasta ahora se han utilizado para las voces de varones: tenores, barítonos y bajos, o para las voces de mujeres: sopranos, *mezzosopranos* y contraltos. Suelen ser categorías que hablan de la extensión del registro (profundizaré en ello más adelante) y no tienen necesariamente que relacionarse con el mundo del canto clásico, sino que todas las voces tienen una extensión que va a ser aguda, media o grave y una preponderancia en las notas musicales o el nivel de oscuridad o claridad que se puede asociar a esa voz.

Esto se profundiza más, por supuesto, en los estudios de la voz para el canto, pero partamos por ahora de generalizar que todas las voces tienen un límite en las notas musicales que pueden abordar hacia arriba y hacia abajo. En el campo del canto profesional, el color es lo que va a terminar de definir a cuál categoría pertenece cada voz. Sin embargo, yo quisiera centrarme por ahora en el concepto del color de la voz a nivel general.

El color de la voz es un tema hermoso, es lo que a nivel cualitativo deja una impresión de tu personalidad en las personas que te conocen. Es lo que determina que esa persona que habla eres tú y nadie más que tú. De hecho, los estudios y la vida práctica de las madres demuestran que los bebés rápidamente se "enganchan" de las voces de sus madres incluso desde que están en el vientre. ¿No es esto hermoso? De hecho, quisiera hacer un paréntesis para honrar el milagro que sucede con ese maravilloso sentido que es la audición y que es de lo primero que se desarrolla en el embrión. Ellos pueden escuchar desde allá adentro ¿Qué creen que les interesará más escuchar? ¿El ruido de los autos, el sonido de la televisión o las voces de los seres queridos? Es casi evidente que el niño o la niña buscan y necesitan el vínculo con lo natural. Nada hay más natural a nivel sonoro que la voz de su madre, tanto que se convertirá en su mayor punto de referencia de seguridad en cuanto esté afuera. Todo este paréntesis me ha ayudado a recalcar que la voz es de las cosas más naturales que poseemos en nuestra identidad, es algo muy orgánico y muy nuestro.

Curiosamente, algunos se refieren al concepto del color de la voz como "timbre", para referirse igualmente a las cualidades y combinaciones de sonido que hacen que una voz sea única. Al pensar en ello, se me vino a la mente que timbre es también la palabra que utilizamos en castellano para referirnos a ese aparatito sonoro que se coloca en algunas casas para anunciar la llegada de alguien. Detente a reflexionar conmigo un momento: ¿No es de alguna manera tu voz un timbre de entrada en relación con el mundo? ¿Quizás una puerta que anuncia hacia afuera parte de quién eres o te informa a ti quiénes son las personas que llegan a tu vida por medio de sus voces?

Siguiendo entonces con el tema del color, no existen dos colores vocales idénticos en tanto que no existen dos humanos idénticos y, por más similares que dos voces puedan parecer, podemos afirmar que, a diferencia del arcoíris (o quizás en algo similar), existe un color por cada humano sobre la tierra. Me gustó la idea del arcoíris, porque toda la infinidad que puede salir de un solo arcoíris para colorear cualquier rincón del planeta me llevó a pensar un poco en el origen espiritual de nuestras voces, mirándolo como si todos procediéramos de un gran y maravilloso arcoíris de vida allá afuera, que nos dotó de una extraordinaria voz para esta vida. Sí. Todas las voces son extraordinarias pues son únicas e irrepetibles. Sin importar si a veces te sientes perdido en relación con tu voz, si la sientes demasiado nasal, demasiado ruidosa o demasiado diferente a lo que te habría gustado, tu voz te hace tú y mi intención es que si hasta ahora la viste con un poco de desdén, puedas abrirte a verla desde una nueva perspectiva; y si hasta ahora la amabas, pues que entonces la ames aún más. Color es entonces identidad.

Hoy en día, usamos la voz con bastante frecuencia en la tecnología, como con el WhatsApp. Tengo una breve anécdota al respecto: no planeo revelarte cuantos años tengo, pero cuando yo era una niña teníamos un aparato de radio en casa en el que poníamos casetes; el día que descubrí cómo presionar el botón de "record" (grabar) y grabar mi voz y la de mis padres fue toda una revelación y una inmensa maravilla, lo escuchamos repetidamente. Te pregunto: ¿Eres de quienes vuelven a escuchar repetidamente sus audios de WhatsApp después de enviarlos? ¿Qué opinas de tu voz? ¿Sientes que tienes una especie de encanto cuando hablas y logras persuadir más aún a los otros? ¿O eres de quienes prefieren escribir un texto porque no sientes confianza o porque hay algo que no te termina de convencer en relación con tu voz?

Mi objetivo no es motivarte a que envíes más audios de WhatsApp, pero sí creo que al contestar estas simples preguntas puedes sondear un poco tu relación con tu voz y quizás también con tu personalidad.

Yo, a pesar de que me convertí en profesional en el mundo de las artes escénicas vocales, no vengo de una fuerte personalidad extrovertida; todo lo contrario, en mi época escolar no hice pública mi voz con propiedad. Solía usarla de una manera "bajita" o "escondida", pero puedo garantizarte que la confianza que debí aprender en mi camino, por medio de los ejercicios de teatro y la exposición a públicos en los recitales, creó en mí un autoconocimiento vocal que amé. Creo que pasar del perfil de "la voz tímida" a explorar en el mundo de "la voz operática" (que es algo así como la voz en actitud de gorila o de león) generó la seguridad con la que puedo usar hoy día mi voz, una muy distinta a aquella época, inclusive si la ocasión no amerita de mi parte más que un uso vocal de "gatito pequeño" y no de león.

En el mundo de las artes escénicas, la conciencia del cuerpo juega un papel muy importante: cuanta más actualización tengas de tus sensaciones, así también la tienes de tus posibilidades. La técnica, tanto a nivel vocal como corporal, debe consistir esencialmente en reconocer las tensiones y sustituirlas por relajación. La práctica desarrolla la confianza y la confianza, a su vez, aumenta la motivación por la práctica.

En mis primeros exámenes de canto, sentía literalmente que en cualquier momento de la obra mi voz se quebraría por mis nervios. Con el tiempo, eso simplemente dejó de pasar. Ahora estoy en una época donde cierro mis ojos y exploro mis sonidos en relación con qué tan libre o no libre se sienten; no dependo de una opinión externa que me viene de un libro o un maestro, sino que sigo mi sentido intuitivo sensorial. Probablemente, retomaré mi *coaching* vocal con nuevos maestros próximamente, porque en mi carrera la mentoría es vital; sin embargo, ahora es algo muy distinto al principio, porque la construcción de mis siguientes conquistas técnicas tienen como base mi autoconfianza, autopercepción y autoconocimiento.

Te invito a eso mismo: date el chance de probar tu voz en un sentido un poco animal, imitativo como un pájaro. Juega sin juicio. Tu voz es simplemente una parte de ti. Te puede sorprender cuánto te puede llegar a revelar sobre tu identidad.

En esta primera sesión de ejercicios no te asignaré más que una práctica emblemática de respiración que leí en varios libros y escuché con varios maestros (y la introducción del elemento de la visualización que decidí agregarle). Pero aprovechando que vamos a respirar, me encantaría invitarte a que te tomes estos breves minutos para ti, para que respires con todo tu cuerpo y todo tu espíritu; que te sientas inmerso en la luz cegadora de un arcoíris intenso, como si estuvieras allí adentro, y que sin importar cuánto ames tu voz en este punto de tu vida, te tomes un momento para agradecer el milagro de la maravillosa voz que te fue donada y que te hace ineludiblemente tú.

EJERCICIO VOCAL 1

Ponte de pie, que tus piernas estén separadas con una distancia aproximada al ancho de tus hombros. Cierra tus ojos y ubícate con tu imaginación dentro del arcoíris, pero imagínalo como una luz blanca intensa, de la cual salen todos los colores del mundo. Aprovecha para conectar con tu ser completo y luego procede de la siguiente manera: inhala profundo y luego exhala.

Dirige tu cabeza y tu tronco hacia tus rodillas y deja tus brazos libres y livianos. Debe verse como si estuvieras queriendo tocar el suelo. Notarás de inmediato que tu respiración ahora tiene bloqueada la ruta que solía usar para transitar (que suele ser en los hombros o el pecho). Lo que ahora queremos es enseñarle a tu aire a pasar por un nuevo camino y ubicarse en la zona intercostal de tus costillas. Harás la respiración en el siguiente orden:

- Inhala 4 segundos.
- Bloquea 5 segundos.
- Exhala 5 segundos.

Repítelo 5 veces seguidas.

Mañana inténtalo de nuevo en series de 5 segundos y luego en series de 6. Ve observando cómo hay mayor actividad diafragmática en la zona del tronco. Busca que tus pulmones se llenen a la mayor capacidad.

Al terminar, levántate muy despacio (como moviendo cada vértebra de tu columna con lentitud) y haz nuevamente una respiración profunda, moviendo un poco tu cuello de un lado al otro. Ahora, practica la última respiración de la mañana (o de la tarde o de la noche, como mejor prefieras) y en esta envía todo el amor que puedas a todo tu cuerpo, que es el que guarda tu voz; a todo tu ser, que es el que guarda tu vida.

Puedes volver a sentarte y seguir tu día con normalidad. Yo te compartiré a continuación un poco de la historia de mi camino en el canto.

Una vez más, gracias por estar aquí.

Inspiración: Noruega

"No dejes que el ruido externo ahogue tu propia voz (...) ten el coraje de seguir tu corazón e intuición; ellos conocen bien acerca de lo que quieres llegar a ser"—Steve Jobs

Noruega fue la palabra que me entregó las alas o la que me recordó, quizás, que siempre las había llevado conmigo. Noruega fue una exquisita experiencia que quebró cualquier sensación de limitación en mi mente y, con ello, me dio acceso a ideales y realidades de vida que atesoro para mí y que me hace feliz inspirar en otros.

Me gusta contar esta historia no como una simple estudiante de música de aquella época; me gusta contarla como el boleto a las nubes para una chica latinoamericana que nació en un pueblo rural y para quien San José era lo más citadino y desconocido de su mundo. Pero, sobre todo, es la historia de una niña que en sus 20 se sintió abrazada con intensidad por la vida y se subió a ese avión como si se subiera en los hombros de un dragón blanco de fantasía, de ilusión e inmensidad.

Los así llamados "ciudadanos de primer mundo" están acostumbrados a ese tipo de cosas: hablar muchos idiomas, conocer muchos países. Sin embargo, quienes venimos de los llamados "países de tercer mundo" solemos pensar que esos son privilegios de otros y no "soñamos" con ese tipo de cualidades, porque las vemos un poco lejanas a nuestras posibilidades; o al menos así lo veía yo.

La ópera y mi incursión en la música clásica llegaron de una manera muy acelerada y sorpresiva; más adelante me referiré a ello. Por ahora, quisiera decir que la ópera simplemente fue mi tiquete de entrada a un mundo desconocido y tremendamente apasionante, en esencia por permitirme descubrir los escenarios más hermosos de mi camino: el teatro, el extranjero, mi propio país y mi propia vida; como las obras vibrantes que va cantando el personaje protagónico al que le debo más amor y más responsabilidad: yo misma.

En 2015, llegué a casa como a las 9:00 p.m., después de la universidad. Tras escuchar de camino un comentario acerca de los festivales de música, estuve revisando hasta tarde la página web que me habían mencionado. Me brillaron los ojos cuando vi el título del "Chamber Music Festival", en Stavanger, Noruega. A la mañana siguiente, me desperté con la firme determinación de enviar mi solicitud, pues cinco días después cerraría la convocatoria.

Siempre me gusta recordar que mi video de audición no era de la mayor calidad, pero era el único que tenía. Lo recuerdo ahora con cariño, porque eso de alguna manera pudo ser evidencia de mis pocas probabilidades de intentarlo, pero mi mente, emocionada, ni siquiera lo consideró. Algo en mí siempre esperó que pudiera pasarme.

El festival implicaba una beca parcial que cubría parte de los gastos; yo apenas terminaba mi nivel preuniversitario e iniciaba el universitario; nada que fuera altamente competitivo, por así decirlo.

Mi sorpresa fue tremendamente extrema cuando un mes después recibí un correo de aceptación a todo lo que solicité. Mi mente se quebró y desde ese mismo momento mi vida nunca más fue la misma, porque ahora se había instalado una fija ambición: yo haría todo lo que fuera necesario para vivir esa oportunidad. Mi fe se disparó sin marcha atrás.

Creo que no es necesario que anote aquí los pormenores del festival, pero sí quisiera resaltar que ese deseo intenso era tan grande, que me hizo ver las limitaciones de mi poco conocimiento del inglés para la época o mi nulo conocimiento en aviones, aeropuertos, hoteles y hasta bicicletas, como barreras menores. Para ser honesta, creo que ni pensé en nada de eso, simplemente no había lugar en la sala de mi mente para ello a causa de mi exorbitante ilusión.

Era una experiencia un tanto abrupta, considerando que nunca había viajado antes; pero, a su vez, así tenía que ser en mi propio camino, para demostrarme parte de quién era; más bien, parte de quién soy.

También creo necesario agregar que no todo fue fácil para mí. Uno de los ejercicios de la partitura que hice en mi *master class* no salió después de cinco intentos: estaba bloqueada. La maestra soprano explotó en impaciencia y decidió terminar la clase, enviarme a estudiar y traerlo resuelto a la mañana siguiente. Sentí mucha impotencia, tristeza, decepción y hasta vergüenza por mi falta de buena representatividad de mi propio país, además de otras ideas que vinieron a mi mente. Afortunadamente, las muchas horas de estudio dieron fruto y no solo me aceptó para su siguiente clase, sino que tuve también participación en el recital final con una obra de Händel.

Recuerda: a cada tracto del camino, la vida siempre está recordándonos todo eso que no somos para que podamos distinguir todo lo que siempre hemos sido. No pierdas la fe.

¿Cómo aprenden las aves a volar y a cantar? Mi respuesta muy personal a ello es que sencillamente no aprenden, solo lo saben y lo hacen. No las guía su cabeza, sino su cuerpo y su intuición; allí adentro, ellas siempre han sabido qué es lo que necesitan hacer.

PRIMER CUADERNO DE TRABAJO

¿Recuerdas el momento de más calma, tranquilidad, confianza, alegría o ilusión que tuviste la semana anterior o quizás el mes anterior? Fue también tu momento más cercano a la niñez, de una u otra manera. Escribe qué fue y en qué circunstancias sucedió. Allí tienes pistas de lo que eres, de lo que siempre has sido. Y una cosa más, anota si recuerdas dónde estuvo tu voz en ese momento ¿La usaste o no? ¿Por qué sí o por qué no? ¿Estuvo tu voz cómoda o relajada? ¿O estabas en silencio? Date estos minutos para ti.

_____

_____

_____

_____

_____

_____

_____

_____

Autoconfianza: Tu proyección vocal

"En el universo todo está interconectado. No puedes arrancar una flor sin molestar a una estrella"—Francis Thompson

Hablamos de la proyección de la voz en la medida en que esta tiene la capacidad de viajar en la distancia. Lo logramos a partir de la respiración.

En el ámbito de la acústica, la voz, al igual que cualquier otro sonido o instrumento musical, tendrá, según las circunstancias, un alcance "ruidoso" o "silencioso", por usar dos palabras cotidianas para representarlo. Si hablamos de instrumentos en los que no medie la amplificación (sin micrófonos o parlantes), veremos que hay instrumentos, como las guitarras, que suenan, de alguna manera, "bajito" y necesitamos estar cerca para escuchar las cualidades completas de su sonido o los colores que con ella logra su intérprete. Así también, hay otros instrumentos en el mundo de los bronces, como las trompetas, que a varios metros de distancia lograremos escuchar con facilidad.

Si vemos, en los dos casos anteriores la diferencia está relacionada con los materiales con los cuales están construidos y, esencialmente, con la diferencia que genera a nivel sonoro la madera en relación con el metal. Por supuesto, estoy simplificando, porque los instrumentos de cuerdas, como violines y violonchelos, o incluso el piano, también están confeccionados con madera, y todos ellos tienen diferentes alcances de "volumen" asociados, a su vez, con el tamaño o con los orificios de sus cajas de resonancia, entre otros detalles. Lo interesante acá está también en que no solo intervienen las características sonoras en sí de los instrumentos, sino que, definitivamente, la arquitectura, el tamaño y los materiales del edificio en que estos se interpretan son esenciales para determinar el tipo de diálogo acústico que sucederá.

La voz es similar. Si está sin micrófono puede valerse de todos sus "parlantes orgánicos" que están ubicados en el cuerpo humano y que denominamos resonadores. *Grosso modo*, se puede afirmar que, de una u otra manera, todos los huesos de nuestro cuerpo portan el sonido que emitimos y podrían intervenir en sostener la vibración del sonido que liberamos, pero para la voz hablada, por ejemplo, harán intervención primordialmente los resonadores faciales y pectorales. Es un tema más amplio con el cual no quisiera caer en simplificaciones, pero para los intereses de este libro quiero que recuerdes que tus huesos importan en la fabricación de tu sonido y, de hecho, tus músculos y órganos también: tu voz es tu cuerpo y viceversa.

Entonces, ¿qué es proyección de la voz? A nivel general, significa cuánto te logran escuchar desde afuera los demás. Si se trata de cantar significará qué tanto aire de tus pulmones dejas convertir en sonido musical; si se trata de la voz actoral, también: podemos modularla moviéndola un poquito más aguda y un poquito más grave hasta ir encontrando cuál sentimos que nos da una comodidad natural. Nunca se aconseja hablar prolongadamente en un tono de voz que no es natural; es decir, hablar demasiado grave o demasiado agudo en relación con tu tipo natural de voz, porque eso generará fatiga vocal.

A nivel de los profesionales de la voz, como maestros o locutores, puede pasar que caigan en fatiga vocal, dolor, cansancio o tos inusual debido a un uso incorrecto. ¿Cuál sería un uso incorrecto en este caso? Quizás gritar o quizás elevar el volumen de formas que no resultan naturales. Mi consejo directo y práctico para ello es que si se trata de un aula de estudiantes, aunque sea complejo al inicio, procures manejar el control de tu grupo sin hacer uso gritado de la voz; bajar súbitamente el volumen de voz a un tono suave y silencioso, que los chicos se acostumbren a tu volumen y que si desean escucharte deban ellos procurar el silencio para poder aprender. En el caso de locutores o periodistas, mi consejo sería que si experimentas constantemente fatiga vocal, visites un profesor de canto y le pidas pautas para conocer cuál es el rango del registro de tu voz, y revisen musicalmente cuáles notas están dentro del rango de tu voz y cuáles no. Se darán cuenta de que si tienes preponderancia hacia los graves podría suceder que estés haciendo inconscientemente una inclinación hacia los agudos o viceversa, con lo cual estarías forzando o disfrazando tu voz con colores o brillos que no le son propios. Si el problema persiste después de un mes de vocalizos o si más bien aparece dolor, deberás visitar al foniatra.

Así que, en resumen, tu proyección depende una vez más de qué se da natural y qué no, en relación con las características anatómicas de tu voz; sin embargo, lograr una eficiencia mayor en ese alcance vocal en la distancia o ese "hacerse oír" siempre, siempre se puede mejorar. ¿Cómo lo hacemos? Aplicando la respiración para que sea un esfuerzo del aire el que interviene y no un esfuerzo de la laringe.

Con el paso del tiempo, me he ido dando cuenta de que el manejo eficiente de ese aire resulta mejor cuando lo abordamos intuitivamente que cuando lo intentamos modificar dando órdenes desde nuestra cabeza. El mejor ejemplo de ello son los bebés: puedes estar seguro de que cuando escuches la próxima vez los ruidosos gritos de llanto de un bebé no hay nada de qué preocuparse en relación con su voz. Si miras con atención cómo se mueve su abdomen hacia arriba y hacia abajo mientras duerme, sabes de inmediato que su modo de respiración es absolutamente correcto y natural, y que como se aproxima al mundo desde su cuerpo y no desde su cabeza, cuando grita por hambre o sueño, ese grito se dispara de la manera más natural, justo desde el aire intercostal. Su grito no está en la garganta y no se lastimará la voz. Por eso también los podemos oír llorar a tantos metros de distancia, porque la característica de ese aire convertido en sonido es tan eficaz, que viaja agudo a una rápida velocidad en el espacio. En resumen, los bebés son expertos en respiración y en salud vocal, vale mucho la pena aprender de ellos.

Nuevamente, acá vuelve a relucir un concepto holístico de la voz, que para mí es realmente importante de retomar en relación con la pregunta inicial que nos planteamos perseguir: ¿Cómo amar más nuestra voz?

Quisiera contestarte en este capítulo con otra pregunta: ¿Por qué cuando el bebé grita no lastima su voz, pero el adulto sí? Quizás porque los adultos se han separado un poco del sentido holístico y orgánico de su cuerpo. Para el bebé esa es toda la guía que tiene: seguir sus impulsos, y vocalmente eso le funciona muy bien. Si los adultos lastiman su voz, eso tiene que ver con una directa desasociación de su manejo del aire, que es a su vez desconexión de su cuerpo.

Lo cierto del caso es que lastimarnos a nosotros mismos es algo doloroso desde cualquier punto de vista, aunque se trate de lesiones leves o imperceptibles, y una vez más la medicina preventiva más eficiente te la enseñan los bebés: busca el sentido natural de tu voz como algo que está inmerso e inseparablemente unido a tu cuerpo, como un río que pertenece al mar y no tiene bruscas interrupciones de interconexión entre uno y otro. Tu voz es el río y tu cuerpo es el mar; tu amor propio es el río, mientras que la belleza, riqueza y abundancia de la vida son el mar. Busca tu voz allí mismo dentro de tu cuerpo, interconectada a todos tus órganos y a todo lo que te hace tú.

EJERCICIO VOCAL 2

Este ejercicio busca que explores el sonido de tu voz de una forma simple y lúdica. Corresponde a un vocalizo con una consonante nasal, la letra "M". Quiero que cantes una canción que recuerdes de tu infancia con una "M". Es decir, vas a musitar la melodía, pero con la mandíbula cerrada, solo entonando el sonido con la letra "M". El sonido no saldrá por la boca (su canal natural). ¿Por dónde saldrá entonces? Date a la tarea de averiguarlo, no desde la cabeza, sino desde tu nivel sensorial. ¿Está el sonido en las mejillas?, ¿en los ojos?, ¿en los oídos, la frente o más arriba en la parte superior de la cabeza, en tu cabello? ¿Abajo en tu garganta, en el pecho o en el estómago?, ¿se siente en el mismo sitio en todo momento o varía de lugar en ciertas notas y palabras?

Date la posibilidad de sentir sin juicio y no te obsesiones por la respuesta correcta de dónde está el sonido; más bien, concéntrate en la respuesta interna de si logras vivenciarlo o no.

Yo tengo una historia muy importante para mí en este tema de la proyección, que me lleva a lecciones y concepciones de la voz que no pueden ser separadas de los otros ámbitos de la vida. Aquí también empezaremos a enlazar cómo el concepto de proyección tiene, a su vez, muchísima relación con las emociones de timidez o confianza. En esta anécdota te hablaré de las lecciones vocales que un maestro italiano me mostró en torno a "no esconder" la voz, pero sobre todo en torno a "no tener miedo".

Vivir y cantar sin miedo: Italia

"Reemplaza el pensamiento centrado en el miedo por el pensamiento centrado en el amor"—Deepak Chopra

Dejé pendiente en la anécdota anterior cómo fue que llegué a la ópera, si mientras estaba en la secundaria alguien me dijo una vez: −Tú eres muy artística, deberías estudiar algo con artes o quizás ópera−. Y como quien lo dijo era de mucha confianza, mi réplica fue: −Artes no estudiaré, porque quiero una carrera importante y prestigiosa−; de la ópera dije: −¿Estás loca? ¡La ópera es horrible!

Me causa risa recordarlo, porque tras un par de años universitarios dando vuelta por otras ramas, allí acabé de una manera bastante súbita y rápida. Sinceramente, con mi corazón, diría que aunque el camino ha tenido piedras, sudor y lágrimas, no me arrepiento y, más aún, me siento tremendamente agradecida de que el cielo me trajera aquí, al camino apasionante de mi alma, donde conocí el cráter de mi *dharma*. Más adelante volveré a esa extraña palabra y su significado.

¿Y cómo fue que sucedió ese evento súbito y radical que me cambió la perspectiva por completo? Sucedió una noche mirando las estrellas, una noche que pedí un deseo muy fuerte al cielo. Aún recuerdo con exactitud la plegaria que hice a Dios:

"Así como mantienes los astros sostenidos en medio de la nada sin que caigan, y a cada uno les das su lugar exacto, así como aunque parecieran caprichosamente regadas al azar, tú en realidad les has determinado su ubicación perfecta y su propósito... así te pido que me des también a mí lugar como se lo diste a las estrellas".

Yo había hecho música desde mi temprana infancia y, de hecho, también introspección, porque con siete años tenía un diario donde escribí: "Nunca quiero ser adulta porque nunca quiero dejar de cantar villancicos". Para mí cantar y tocar melodías había sido una actividad mágica en mi infancia. Lo habíamos descubierto casualmente por un pequeño piano de juguete que mis padres habían conseguido y donde yo pasaba largas horas buscando los fragmentos de "cumpleaños feliz" y otras melodías. Luego, mi abuelo compró un teclado eléctrico un poco más grande para que yo y otros nietos pudiéramos hacer música. Pienso ahora en esa apertura tan especial que tienen todos los abuelos del mundo para escuchar con total atención y encanto las creatividades de sus nietos. ¡A mis cuatro abuelos, gracias eternas por sus preciados oídos y preciadas voces, y un abrazo grande hasta el cielo!

Hubo luego otras figuras influyentes en mi camino que me animaron a cantar y a quienes recuerdo con gran cariño. Canté en un lindo coro juvenil eclesiástico muchos años y más tarde (bastante tarde, por falta de confianza) en actividades académicas colegiales.

Ahora había comenzado mis estudios generales en una carrera universitaria y tenía una fuerte sensación no de desubicación, sino más bien de pluralidad; sentía que mi personalidad era muy diversa y no cabía en una sola disciplina, pero además tenía una sed ferviente por desarrollarme en el arte. Esa sensación en realidad se detuvo en el momento mismo en que me aceptaron para el preuniversitario en canto (para entonces, canto lírico aún no estaba en mi vocabulario). A partir de ahí arrancó un viaje intenso y apasionante que no vendría a reducir su velocidad sino hasta la pandemia. Reducir la velocidad, mas no morir en su propósito. Escribir este libro es parte de mi resignificación y reencuentro con ese viaje que en aquellos años emprendí y por ello te agradezco, querido lector, por tu valioso tiempo dedicado en la lectura de estas líneas, porque amplificas mi alegría de servicio al permitirme revivir contigo las huellas de mi camino y que fortalezcamos juntos las alas para los vuelos venideros que vienen para ti y para mí.

Cerrando este paréntesis, reanudo la historia italiana que venía a contar. Se trata de una bella anécdota que disfruto mucho compartir. De nuevo, creo que la magia de mis viajes y mi canto, incluso más allá de las notas musicales, guardan vivencias muy humanas

117

y eso es lo que amo del arte: que me hace humana y me hace sensible a la humanidad de otros.

Esto fue en Pianello, Italia, en las cercanías de Piacenza, que a su vez pertenece a Milán. Allí aconteció nuevamente un festival.

Me hospedé en Piacenza y pensaba tomar el autobús para llegar al pueblo. Estando en Italia, lo mínimo que esperas es que el autobús o el tren del lugar pasen con una frecuencia similar o mejor que en tu pueblo natal. Me equivoqué en eso. Piacenza solo tenía dos autobuses diarios en dirección a Pianello y ya ambos se habían ido, no había tampoco tren para ese trayecto y la distancia era de aproximadamente treinta kilómetros. Como yo no había venido a quedarme dormida en el hotel, opté por pagar un taxi que me costó alrededor de noventa euros, y me dispuse de inmediato a comer lechuga toda la semana si era necesario. De hecho, como buena estudiante mochilera y latinoamericana, había traído bastantes provisiones, como espagueti, en mi maleta, pues podía cocinar en el lugar. Así que no lo pensé dos veces para el taxi. Bueno, quizás sí lo pensé un poco, pero me animé.

Esa semana fue intensa emocional y musicalmente. Me sentí bastante inferior al oír a los europeos y asiáticos cantar, y para mí la lección musical más grande era esta, en palabras de Niccola Martinucci: "*Senza paura*!", que significa en español: ¡Sin miedo!

Tremendas palabras son esas para cualquier ser humano, independientemente de a qué se dedique; lo que sí estaba claro para mí era por qué la ópera nació en Italia. En su manera de expresarse e incluso en su voz hablada, pero más aún cantada, los italianos no tienen *paura*.

Ahí no termina esta historia. Cuando entregaron los certificados de participación el día viernes, leyeron mi nombre y pidieron un aplauso porque yo venía de Puerto Rico, era la única de Latinoamérica. Yo ni escuché eso último porque en mi cabeza había ruido mental diciendo: −Señor, yo no vengo de Puerto Rico, sino de Costa Rica, son dos países diferentes−. Sin embargo, recuerdo muy bien que Martinucci abrió mucho sus ojos y se quedó con la mirada fija. Ahora sé un poco mejor por qué le sucedió eso. Él y un organizador del festival habían pasado en su auto y no me habían reconocido; ahora él sabía que la chica que vieron caminando en la tarde era yo y me lo dijeron después.

Yo había pagado mi hospedaje en Piacenza afortunadamente solo dos días y los otros tres días me hospedaron un poco más cerca de Pianello, en un maravillosísimo lugar que recomendaría a ciegas a cualquier viajero que vaya por aquellas tierras: Il Giardino di Laura.

Quiero abrir un nuevo paréntesis para contar que mi cambio de Piacenza al Giardino di Laura fue emocional e incluso espiritualmente un cambio significativo. De niña, fui una chica de nervios sensibles y no recordaba esa sensación de desatino, de desubicación o ansiedad. Realmente no la vivía desde hacía 15 o 17 años. La viví en Piacenza no solo por lo del taxi (¡Ah!, al regreso sí pude solucionar el transporte…fue lo primero que aseguré al llegar al teatro del lugar y todo se arregló para los días siguientes), sino porque esa noche me sentí solitaria y desubicada como hacía mucho no lo sentía; gran parte se relacionaba con haber escuchado el nivel técnico de los otros cantantes; no lo sé, pero había una desubicación emocional y una tristeza. Y recuerdo con muchísimo amor que desahogándome, escribiendo en una libreta en el lindo río detrás del teatro y maravillada ante el nivel de calidez humana y calidez decorativa del Giardino di Laura, con sus huertas de vegetales, sus mermeladas hechas en casa puestas en mi desayuno con jugo de naranja recién exprimido y otras delicias, todo volvió a la normalidad para mí en aquel viaje. He aquí un extracto de mis notas personales de aquella libreta:

"Este es mi jardín encantado donde la conexión con lo bello puede más que el poder del mundo. Este es un tesorito donde encuentro detalles a cada nada y olvido las tristezas del día. Los brazos del portón automático se abren como si fueran los brazos de Dios que me espera para consentirme y cuidarme" (De mi cuaderno de notas personales. Agosto, 2018).

Martinucci es, de entre los artistas que encontré en mis festivales, uno de los que mayor admiración y honor me causó conocer, uno grande en lo suyo que cantó en todos los teatros importantes del mundo: La Scala di Milano, el Metropolitan Ópera de Nueva York, el Teatro Colón de Argentina, entre muchos otros. Él era quien me había dicho: *"La voce è lì vicina, e deve essere lontana. Canta senza paura!"*, que significa *"La voz está acá muy cerca y debe estar allá lejos. Canta sin miedo"*. Pero ahora pasaba algo más que me marcaría el espíritu.

Después de la entrega de aquel diploma para la alumna de Puerto Rico, Martinucci se acercó y, sin que yo sepa todavía hoy qué fue exactamente lo que conmoviera su corazón, me dijo con la voz vehemente de un padre: −Anda avanti! Tu hai una bellissima voce! Studi! Avanti! (¡Ve adelante! ¡Tienes una hermosísima voz! ¡Estudia! ¡Adelante!) y despidiéndose dejó en mi mano un billete de €200. Recuerdo que apenas se marchó me orillé y dejé caer mi llanto. Eran demasiadas emociones para una sola semana y sus palabras eran demasiado para un corazón como el mío. ¡Gracias, eternamente, maestro Martinucci!

SEGUNDO CUADERNO DE TRABAJO

¿Recuerdan lo que anoté en la guía del capítulo anterior acerca de poder medir sensitivamente por cuenta propia para tener más posibilidades? Pues bueno, así semejante pienso que es el ideal de conciencia que se pide de nosotros conforme nos vamos haciendo adultos; ser más responsables y avanzar; lo cierto es que los mentores del camino son tesoros invaluables. Yo podría haberme creído esas palabras que me dijo Martinucci por mi cuenta, pero lo cierto es que el llanto que brotó de mí en aquella noche vino de la reafirmación de alguien que representaba mucha autoridad para mí. Si él lo decía debía tener algo de razón y sus palabras eran como una sentencia para mí. Me honraba ante todo que creyera en mí y afianzara mi autoconfianza de esa manera. Solo puedo darte una simple pauta en este capítulo, que no vino de mí, sino de un gran mentor: *Avanti*! *e Senza paura*!

Puedes escribir aquí cómo cambiarías por confianza cada uno de tus miedos. Enuméralos y déjalos partir.

_____

_____

_____

_____

_____

_____

_____

_____

_____

_____

_____

_____

_____

_____

_____

_____

_____

_____

_____

_____

NOTA: Tú eres todo lo que está detrás del miedo. Tu voz también funciona así. ¡Anímate a disfrutarla sin comparaciones!

Autosuperación: La extensión de tu registro vocal

"Conócete a ti mismo"—Sócrates

Para darle un poco de continuidad a lo que mencioné en el capítulo de la proyección vocal, nos referiremos ahora al concepto de la extensión del registro. Había mencionado anteriormente que nuestra voz se mueve en un rango limitado de notas graves o notas agudas. Ese es el concepto de la extensión del registro.

Por naturaleza, cada voz tiene un delimitado rango de notas. Conocemos más cercanamente el caso del cambio de voz en los varones para el período de su pubertad. Antes de que eso suceda, la voz infantil de los niños se asemeja al rango vocal de las mujeres, pues su color es notoriamente más claro y más agudo. Los niños pueden abordar con facilidad notas sobreagudas, aunque también dentro de las voces infantiles algunos niños están en el rango de *mezzosoprano* y otros en el rango de soprano; es decir, desde la infancia las voces se subdividen en aquellas que tienen más tendencia aguda y las que abarcan más notas graves.

Para explicarlo mejor, si tuviéramos un xilófono o una flauta, veríamos que la primera nota es do, seguida del re, luego del mi y luego fa, sol, la, si, do. Allí hablamos de una extensión de una octava completa, es decir 8 notas.

Casi todas las voces, cuando inician sus primeras clases de canto, poseen un rango de voz limitada, refiriéndonos, en este caso, a la cantidad de notas que están acostumbrados a cantar y no necesariamente a la cantidad que tengan ya dotadas por naturaleza. Si por ejemplo una voz inicia con un rango de 8 notas; o sea, la octava completa, al trabajar su registro en su clase de canto irá aspirando a integrar más notas que sea capaz de abordar con libertad y naturalidad, logrando sumar incluso, en algunos casos, tres octavas completas de registro.

Repito que en la naturaleza de cada voz ya existe desde la infancia una indicación sobre el registro; en el caso de los hombres, lo que pasa es que al "engrosar la voz" y volverla más oscura, por así decirlo, su rango de notas agudas femeninas de soprano o *mezzosoprano* pasan a catalogarse dentro del grupo de las voces maduras de hombres: bajos, barítonos o tenores.

¿Qué revela esto sobre la naturaleza de tu propia voz y quizás de tu personalidad? Es divertido, porque en el mundo del teatro musical o la ópera los personajes están a grandes rasgos catalogados según ciertos arquetipos sociales. Por ejemplo, las voces graves de varones son especiales para los personajes malvados, mientras que las voces ligeras, agudas y claras de las mujeres son especiales para las hadas y la bondad. En el medio hay una variedad de opciones para personajes más rebeldes y más extrovertidos. Aclaro, por supuesto, que estas son asociaciones que hacen los compositores para acentuar el carácter de sus personajes con ciertos estereotipos sociales. No obstante, evidentemente, también estos compositores se animan a explorar con opciones "fuera de la norma" sin ponerle un arquetipo a una determinada voz.

Con esta antesala lo que he querido comunicarte puntualmente son dos ideas relacionadas con la personalidad. Por un lado, ciertamente, habrá tendencias de carácter que se asocian, por un motivo social o cultural, a nuestras voces, según sea su aspecto grave o agudo; y por otra parte, por supuesto, siempre somos libres de elegir qué deseamos dejarnos de los principios sociales y culturales, y qué cosas no nos funcionan.

Para ejemplificarlo mejor, las personalidades de cierto liderazgo autoritario suelen expresar una "voz de mando muy marcada" y suelen tratar de poner un mayor peso en la voz o hacerla lucir más grave y sonora de lo que realmente es. Por otra parte, he leído en la literatura del arte del canto que algunas mujeres también, por razones sociales, tienden en repetidas ocasiones a hacer sus voces más agudas de lo normal, para sentirse más afeminadas o, por el contrario, ponerles más gravedad, cuando desean dar una impresión de mayor apropiación personal o rebeldía.

Mi deseo aquí es motivarte a que bases tu apropiación personal en la naturaleza de tu autenticidad y que evites hacer inflexiones incómodas o dañinas para tu voz por una intención de generar una impresión determinada en las personas. Nuevamente, si tu voz presenta molestias, dolores o lesiones, podría estar asociado a alguna desalineación con tu verdadera voz.

¿Qué más puede enseñarnos el concepto de la extensión del registro vocal? Yo pensaría que el hecho de reconocer que antes de animarnos a cantar, o a llevar la voz hacia extremos del registro a los que no estamos acostumbrados, podríamos pensar que todo lo que hay de voz en nosotros se reduce a una octava o menos. No obstante, guiados con sanos ejercicios, nos podremos apropiar de notas que siempre fueron nuestras; es como llegar a una nueva conquista de autoconocimiento sobre nosotros mismos, comprar tierras lejanas que siempre fueron nuestras; básicamente, usarlas, disfrutarlas y no esconderlas en el oscurantismo o el temor del desconocimiento.

En todo caso, este libro no solo se centra en motivarte a cantar, aunque no estaría mal, porque recuerda que aquel refrán popular de "el que canta su mal espanta" bastante razón porta consigo. Si no fuera tu intención conocer con la dirección de la música cuál es la nota más grave que puedes producir y cuál la más aguda, aun así el registro puede revelarte algo: hay cosas que pertenecen a tu mundo y otras cosas que sencillamente no.

Si nos referimos a la voz, a ella le resultará cómodo y familiar moverse entre cierto rango de notas musicales, y también le resultará poco familiar e incómodo moverse en rangos que no le pertenecen a su extensión vocal. Con entrenamiento, todos podemos ampliar un poquito el registro, tal cual sucede a los músculos, que pueden ampliar su resistencia y tonificación con los ejercicios; sin embargo, siempre habrá un rango de notas que no abordarás nunca porque sencillamente no le son propias a la naturaleza de tu voz.

A mí esto me revela mucho acerca de la personalidad de cada quien: conocernos mejor a nosotros mismos nos revela mejor cuáles alimentos digerimos bien y cuáles no, qué informaciones y qué emociones solemos sobrellevar mejor y cuáles no, en qué áreas de nuestra vida debemos poner límites y en cuáles, más bien, atrevernos a salir de nuestra zona de confort. Así como tu voz te marca la pauta sobre su rango de acción, así también tú, con tu intuición, puedes reconocer lo que es mejor para tu vida y lo que no. Conocernos es el mejor camino para amarnos mejor.

En el siguiente capítulo, te contaré la historia de mis dos visitas a un maravilloso país que me enseñaron dos lados importantes y necesarios de la vida, dos lados que podrían catalogarse con palabras como fracaso y éxito, pero que para mí fueron sencillamente adelanto en mi propio autoconocimiento y amor personal. En definitiva, las lecciones que la vida trae consigo no siempre son fáciles ni agradables, pero creo que nos libera mucho quitarles las connotaciones negativas y verlas simplemente como parte del camino. Asimismo, creo que ante este clímax del libro al que vamos llegando te iré motivando a encarar sin temor zonas desconocidas y quizás frágiles de tu voz, pero ante todo espero poder motivarte a que las abraces por la simple belleza de que forman parte de ti.

EJERCICIO VOCAL 3

Ya abordamos un ejercicio respiratorio y un ejercicio de mandíbula cerrada. Es hora de abrir la mandíbula y dejar salir tu sonido. Aunque no lo creas, ese es siempre un acto de mucha valentía. Quizás lo más difícil en el mundo de la voz (e incluso de la personalidad) es presentarnos de manera intacta tal cual somos, que nuestro sonido vocal salga afuera sin velos.

Por ello, a continuación, te mostraré un simple ejercicio que te ayudará a entender cuándo la voz está velada y cuando no. Los maestros de canto llaman a ese concepto "voz airosa" y sucede cuando hay un velo de exceso de aire en la emisión sonora que se roba el timbre o color auténtico de tu voz.

Quiero que intentes susurrar de una manera muy suave y sin casi nada de volumen o de sonido una hermosa vocal "A", puedes entonarla o cantarla. Ahora, vuelve a hacerlo y coloca una "H" o "J" muy larga y lenta antes de entonar la "A". Si lo has hecho de forma susurrada, debería sonar como si estuvieras arrullando a un niño. Puedes cantar una melodía con esta sílaba "JJJA", pero siempre con una voz poco presente.

Resulta que al hacer esto quizás pudiste percibir que la "J" absorbe parte del sonido de la "A"; podría pasar que estemos escuchando solo la "mitad de tu voz" y que el exceso de aire en la emisión empañe un poquito tu timbre natural, como empañaría el vapor una ventana. Puedes probarlo de nuevo si gustas para explorar lo que sucede.

Ahora, quiero guiarte hacia "quitar el empañado o el velo". Sencillamente, quita toda "J" y entra directamente a entonar tu "A" con toda la confianza que puedas, pero también con calma, porque no andamos buscando golpear. Esta vez puedes aumentar el volumen y hacer una melodía o una canción completa entonada con la "A". Mientras lo haces, asegúrate de que no estés cantando con "la mitad de tu voz", sino con tu hermosa voz completa y confiada. Además, revisa por favor que tu mandíbula baje completamente, que sea una "A" enorme (sin hacer tensiones de más), una "A" de "afuera" y no una "O" de "oscuro". Que sea nítida, clara y muy abierta.

¿Notaste alguna diferencia? Creo que la diferencia esencial la hace en realidad la confianza, pero el truco de la "J" y la idea de hacer un sonido susurrado, casi como si estuvieras soplando y no cantando, nos muestra el fenómeno de cuándo tu aire está pasando sin intervenir tanto en las cuerdas vocales, restando sonido y restando timbre; es decir, robando identidad.

Hay momentos en la vida en que se vale hablar o cantar susurrado, pero no es algo de lo que debemos abusar, porque de hecho hablar con una voz susurrada, casi insonora, "como contando un secreto" por un tiempo muy prolongado, rápidamente genera fatiga vocal. Interesante, ¿no es cierto?

Me gusta mucho lo que este ejercicio ilustra, porque tus dos cuerditas vocales, que están ahí almacenadas y silenciosas dentro de tu garganta, pareciera que están siempre abiertas a la espera de que cuando tú atravieses por ellas (el aire), vengas dispuesto a ser tú, a presentarte con plenitud y confianza con todo el ser que eres y la voz que tienes, sin limitarte a una versión siempre tímida o avergonzada que utiliza la mitad de su voz o su presencia, pues eso te daña la voz y el corazón. Yo estoy segura de que, aunque a veces nos cueste un poquito ser nosotros mismos, y a menudo nos pase como a las tortuguitas, que se vuelven a incorporar rápido en su caparazón ante cualquier aparente peligro, el mundo allí afuera está listo y a la espera de recibir tu hermosa presencia, tu hermosa voz y todos los regalos de tu alma y de tu ser. Si sientes que ese mundo no está listo, con más razón es, porque necesita tu esencia.

Trascendiendo el sentimiento de fracaso: México

"El fracaso no te sobrevendrá nunca si tu determinación para alcanzar el éxito es lo suficientemente poderosa"—Og Mandino

A México fui por primera vez en 2017 y volví por segunda vez en 2019, ambos viajes para el mismo festival en la misma ciudad. De hecho, hice un tercer viaje en 2023, en calidad de maestra de canto infantil y concertista, pero no es de ese tercer viaje del que quiero hablarte acá. La primera vez que viajé a este maravilloso país me preparé para hacer el rol de Clarina como "cover" de la cantante seleccionada en una obra llamada "La Cambiale di Matrimonio", o al menos eso se me había notificado sobre mi audición virtual por correo electrónico. Cuando llegó el día en que el director de orquesta escuchara en vivo a los cantantes, nos citó en un pequeño auditorio del teatro de la ciudad y oyó a los roles principales y a los "covers". Cuando llegó mi turno, yo, que casi no me había expuesto aún a ese tipo de audiciones presenciales, estaba un poco nerviosa, pero canté la obra. Las palabras cortas y directas del director fueron: usted no está preparada todavía.

Ahora mientras escribo esta historia pienso en el poder de la palabra "todavía"; lo cierto es que en aquel momento ni escuché esa palabra porque la vergüenza me nublaba. Me invadió una profunda decepción por un par de días. Ya había ido a Italia para ver el mundo real de la ópera; ahora me correspondía escuchar a los mexicanos, que como bien es conocido en todo el mundo saben muy bien usar sus maravillosas voces sin ninguna *paura*.

Aquí vuelvo a ese escenario mental que mencioné en el primer capítulo; es difícil reponerse cuando llevas una visión exponencial de tu oficio o de tus sueños. Lo lógico sería que después de la A, siga la B, y de la B, la C, y así en ascenso; pero a menudo la vida nos sorprende con "'B's" entrometidas después de la "E". La sensación de fracaso o de humillación golpea más cuando lo comparas frente a ese gráfico en forma de flecha; sin embargo, después de varios de esos "fracasos", quiero compartirte con modestia (a sabiendas de que aún me esperan varios de esos sinsabores) parte de lo que he aprendido del fracaso. Todo se resume en lo siguiente: ¿Qué tal si no todo se tratara de aquella flecha diagonal que tiene un punto de salida y una meta? ¿Qué tal si existiera una especie de flecha circular en forma de espiral también?

Con esto quiero decirte que no todas las lecciones son intelectuales, académicas, profesionales, lógicas o explicables.

Yo podría darte muchas razones matemáticas de por qué no estaba preparada para ese rol de Clarina aquel día; todas se reducirían a detalles de estudio técnico y, ante todo, a una falta de confianza en el uso de la voz. Pero hilando un poco más hondo en qué viene verdaderamente a enseñarnos el fracaso (además de humildad y perspectiva), utilicemos la siguiente pregunta: ¿En qué parte del cuerpo se siente el fracaso? Quizás en el rostro, si en el momento tienes pena, o quizás en el pecho, si está mezclado con tristeza y vulnerabilidad. ¿Dónde lo sientes tú en tu cuerpo?

Con esto solo intento apelar al concepto de "multidimensionalidad" que todos somos. No sabría decirte dónde sentí exactamente aquel fracaso en mi cuerpo, ni afirmar que conecté de la manera correcta con ese sentimiento en aquel momento. Lo que sí sabría decirte es que una vez que lo asimilé en mí, estuve lista para volver al camino del "no darse por vencido".

Tu grandeza no está en lo que logras, sino en lo que eres; ni necesariamente en lo que resuena con ruido y todos escuchan, aplauden o felicitan. Oí decir una vez a un sabio que uno de los actos de amor más nobles y hermosos sucede apenas antes de que se ponga el sol, cuando el jardinero que pacientemente poda su jardín trae la belleza al mundo. Todo sucede en el anonimato y se mantiene así en secreto entre él, el sol y las rosas. Así mismo vengo a decirte que tú eres mucho más que tus logros y evidentemente mucho más que tus aparentes fracasos. Tú eres la energía potencial de todo cambio y toda belleza. Yo estoy segura de que hay más belleza en tomarse la calma necesaria para abrazar los errores que incluso en los propios frutos que de ello luego podamos recoger.

No tengo mucho más que agregar sobre esta experiencia, porque además este libro no tiene la finalidad de centrarse en mis logros, sino en los tuyos y en cómo puedo ayudarte a estar un poco más cerca de ellos y, sobre todo, un poco más cerca de ti.

No te digo eso sí que lo que venga después no ilusiona ni alegra. Volví en 2019 y el mismo director que me había dicho que no en el viaje anterior, ahora me daba un maravilloso sí. Me seleccionó para asumir el rol protagónico de Hansel en la ópera alemana de Humperdink "Hansel y Gretel". ¡Ah! y ejecuté el rol de Clarina ese mismo año en mi país en varias funciones.

Podría usar la palabra "demostrar" para referirme a que le demostré algo a él y me demostré algo a mí, pero esa palabra calza más con un gráfico de la flecha diagonal. Usaré mejor una palabra que se adecua más al dibujo circular de la espiral: crecí.

TERCER CUADERNO DE TRABAJO

A nivel personal, creo que siempre estamos creciendo, nos guste o no, y a diferentes velocidades según la elección y necesidades de nuestro camino personal. Pienso que cada mes del año podemos preguntarnos, igual que la luna: ¿Qué deseamos integrar en nosotros y qué necesitamos dejar ir?

La voz pasa por las mismas metamorfosis de las mariposas y de las personas. Es el instrumento musical que más se ve "intervenido" en el día a día, por la visita del agua, los alimentos, la salud o enfermedad, alegrías o tristezas, lluvia, frío, calor, y un largo etcétera. Sí, la voz en sí misma es una pequeña personita aparte que, a su vez, se ve intrínsecamente modificada por la persona humana que la porta consigo.

Hay quienes consideran que la única metamorfosis de la voz es el drástico cambio que sufren los jóvenes en la pubertad: su cambio de niño a hombre (algo que también sucede en las chicas, aunque con menos notoriedad). Pero como he explicado arriba, las pequeñas metamorfosis nos suceden diariamente o en rangos de tiempo de cierta durabilidad: períodos de mayor actividad vocal o menos actividad, de mayor flexibilidad, mayor rango de tonos y colores o menos de estos, períodos de empleo, desempleo, ocio, vacaciones, ejercicio, reposo, etc.

Me gustaría regalarte un mosaico colorido que te funcione para jugar a conocer mejor tu propia voz, como una cajita de pinceles y pinturas. Decorar tu voz es como decorar tu alma. ¿Recuerdas las notas do, re, mi, fa, sol, la, si, do? Esa es mi cajita para ti, cada nota es un color que lleva tu voz a un nuevo espacio de resonancia. ¿Cuál de las siete es tu favorita?

Anota a continuación cuáles metamorfosis marcaron en tu vida un antes y un después, puntos de inflexión significativos. Te doy como guía los septenios; piensa en tu septenio de los 0 a los 7 años, luego de los 7 a los 14, luego de los 14 a los 21, luego de los 21 a los 28, luego de los 28 a los 35, de los 35 a los 42, de los 42 a los 49, de los 49 a los 57, de los 57 a los 65, de los 65 a los 72, de los 72 a los 79, de los 79 a los 87, y en adelante si tienes más edad. Según sea tu caso, has vivido ya 3, 4, 5, 6, 7 septenios o más.

Considera las metamorfosis que trajeron los mejores cambios a tu vida, las mejores decisiones y los momentos de mayor dicha y felicidad. Nota que siempre has sido tú. Y si gustas, anota cuáles metamorfosis aún te quedan por cumplir para los sueños pendientes de tu vida. Las ideas que lleguen a tu corazón con estas preguntas son importantes, porque revelan deseos genuinos que portas contigo y que, a nivel intuitivo, te pueden marcar posibilidades nuevas y nuevas rutas a seguir. Créeme, la voz va contigo, siente y vive junto a ti todas tus veredas.

_____

_____

_____

_____

_____

SENZA PAURA Ama tu voz. Ámate a ti.

Autoconocimiento: Tu flexibilidad vocal

"Mira profundamente en la naturaleza y entonces comprenderás todo mejor"—Albert Einstein

¿Qué quiere decir la palabra flexibilidad en el mundo vocal? Quizás ante esa pregunta la primera respuesta que muchos traerán a sus mentes estará asociada a la cantidad de "acrobacias" que una voz sea capaz de hacer. Algunos pensarán en la ventriloquía (esa capacidad interesante de los que manejan marionetas y hablan por ellas sin que apenas se mueva su lengua). Otros pensarán tal vez en los imitadores que son capaces de lograr muchísimos personajes famosos de gran diversidad, todos interpretados por una misma persona; de ahí el mundo de los actores o cantantes que hacen prodigios con sus voces.

Sí, de alguna manera todo eso puede estar relacionado con la flexibilidad, pero dentro del mundo formal del estudio vocal la flexibilidad tiene que ver con la velocidad en el abordaje de muchas notas que le permite a la voz moverse de una manera más ligera, como un ratoncito que alcanza muchas posibilidades.

Dentro de este mundo hablamos de voces de coloratura, que justamente tienen la característica de ser voces "delgadas", que se movilizan muy rápido y que, en su mayoría, alcanzan notas sobreagudas por encima del promedio. Esto me trajo por un momento a la memoria que tres de las voces de coloratura más cercanas que he conocido coinciden en ser tres personas bastante activas, versátiles "que no parecen estar nunca quietas"; creo que si tuviera que agruparlas según el reino animal, las asociaría con los ratoncitos, las ardillas o las aves pequeñitas. Todas ellas tienen esa capacidad de ir rápido y movilizarse pronto en sus metas y objetivos. Yo lo asociaría dentro de las cuatro estaciones con la primavera, donde predomina el viento y los ornamentos como las flores.

Por otro lado, existen también voces que destacan por su compostura gruesa, menor flexibilidad en la velocidad y porque suelen tener una proyección más "estruendosa". A estas muchas veces se les llama voces dramáticas.

Curiosamente, los países que tienen inviernos muy intensos, como Rusia, a menudo ofrecen bastantes voces dentro del rango de las voces lírico- dramáticas, mientras que países de zonas más cálidas, como Centroamérica o América del Sur, ofrecen muchas voces ligeras. Otra vez, quisiera hacer aquí la salvedad de que no pretendo caer en generalizaciones burdas, donde lleguemos a pensar que en los países nórdicos hay más voces pesadas y en los países tropicales, más voces ligeras, porque evidentemente necesitaríamos recurrir a un censo y comprobar con datos el registro vocal de todos los ciudadanos. Lo importante de rescatar acá es que la naturaleza sí nos obsequia ligeras diferencias en cuanto a la flexibilidad de cada voz y que, si hilamos un poco más profundo en nuestro autoconocimiento, mirar el reino animal y vegetal nos permite de inmediato sentir qué movimientos o personalidades de la naturaleza se parecen más a nuestra forma de ser y cuáles no.

Quiero que quede claro en este capítulo que con flexibilidad solo busco referirme a un concepto más que genera distinción entre las voces, pero de ninguna manera intento señalar que las más ligeras son superiores a las menos ligeras o viceversa. Todo lo contrario. El objetivo mayor que hemos discutido a lo largo de este libro ha estado asociado a buscar justamente cuáles son las propiedades y cualidades que tiene tu voz que la hace tan única como tu personalidad y tu ser completo.

También, consideremos que hay personas que tienen voces muy "gruesas" y personalidades muy dulces; o, por el contrario, voces agudas y pequeñas con personalidades imponentes. Creo que todos tenemos elementos predominantes de uno y pequeños rasgos de otro. Esto, a su vez, me trajo a la mente el mundo del *feng shui*, una filosofía china que asocia mucho la vida con los elementos de la naturaleza. Algunos nos parecemos más a la tierra o la madera, otros al metal, al agua o al fuego. Si te fijas bien, cada uno de esos elementos tiene un distinguido carácter.

Lo que intento inspirar ahora para ti no es que te parezcas a uno de esos elementos, porque recuerda que en mi manera de verlo no hay solo siete colores en el mundo, sino tantos como seres humanos sobre la tierra. Lo que sí está claro es que los lilas y turquesas están más cerca del rango de los azules, así como los salmones y rosados están más cerca del rojo.

Todo este mosaico del mundo natural puede ayudarte a reflexionar un poco. ¿Con cuál color, animal o elemento material sientes que te asocias preponderantemente? Dentro de las divisiones de voces ligeras o dramáticas, ¿cuál crees que catalogaría un poco mejor la familia a la que pertenece tu voz?

Lo último que quisiera regalarte sobre las características de la voz es algo que aprendí recientemente en un curso: lo importante de conocer los picos bipolares de tu personalidad es que puedes reconocer que ambas polaridades te hacen tú, y que más aún necesitas tanto de tus áreas de "fortaleza" como de tus áreas de "debilidad" para equiparte de todo eso que necesitas para enfrentar la vida.

Por ejemplo, en mi caso, mi test de personalidad reveló que estoy catalogada dentro de un grupo que se denomina "los entusiastas", pero lo que ese test más me enseñó es que, si bien soy una persona bastante sentimental, mi polo opuesto que sería la racionalidad me aportaría mucho si hago uso de él para encontrar balance. Así mismo, si soy una persona rápida y eficaz, también me hace falta nutrirme de quienes son lentos y pasivos. Todo se trata de complementariedad.

Creo que, en cuanto a personalidad y también a flexibilidad vocal, yo me parezco a una ardilla, y aunque en rango estoy catalogada como una voz intermedia; es decir, *mezzosoprano*, eso no quiere decir que haya notas bastante graves o bastante agudas que no puedo alcanzar. Me gusta probarme a mí misma constantemente, fuera de la zona de confort; sin embargo, lo contrario a eso, que sería la tranquilidad y la estabilidad, también me traen mucha paz y balance. Sobre proyección, cuando cuento con la suficiente claridad y el suficiente aire, mi voz puede viajar mucho en el espacio, como lo hizo en el Teatro Nacional de Nicaragua, el Rubén Darío, cuando debí cantar como solista y sin amplificación la voz de alto del réquiem de Mozart; de igual forma, en cuanto a personalidad o en otros momentos de mayor introversión o timidez, esa voz no logrará proyectarse eficientemente, sino que se quedará escondida dentro de emociones de temor o desconexiones corporales, por habitar las directrices solamente desde mi cabeza.

De los cinco elementos, me siento especialmente identificada con la madera y el aire, pero el agua me conecta muchísimo y, sin duda, disfruto en gran medida del fuego; quizás el metal es con el cual me relaciono minoritariamente. En cuanto a color, ¿qué color soy? Mi color favorito es el salmón, y sin duda mi personalidad está también en el mundo de los colores cálidos, más que dentro de los azulejos o colores fríos. Según las estaciones, me siento preponderantemente primaveral, aunque sin duda habita mucho de verano, de otoño y de invierno en mí.

En adelante, cuando intente definir mi color de voz y de personalidad, solo pondré mi nombre. Mi color es Lidia, el color que solo yo pintaré sobre este mundo. Y tú, ¿qué irás ahora a pintar?

EJERCICIO VOCAL 4

En esta última práctica, ya no te guiaré por un ejercicio respiratorio, de consonante con mandíbula cerrada ni de vocal con mandíbula abierta. Hemos llegado al último ejercicio práctico de este libro y también hemos llegado juntos a la cima de hermosas reflexiones de cómo tu voz es parte intrínseca, hermosa e inseparable de tu ser, una de las banderas que te anuncia, te presenta ante el mundo y te hace tú.

Así las cosas, en este último ejercicio no voy a pedirte que respires silenciosamente o que hagas sonidos tenues. Quiero motivarte a que, por un momento, te expreses con toda la autoridad de tu voz.

Este será un ejercicio de tipo actoral, pero al final podríamos cerrar con uno de tipo musical también. Tengo un texto para ti que quiero que narres como todo un actor o una actriz profesional. Realmente, es increíble lo que este tipo de ejercicios proporciona a una persona en relación con el uso pleno de su voz. A través de mi experiencia de 10 años en la enseñanza del canto, he podido notar que no hay estrategia más eficaz que yo pueda darle a un estudiante que solicitarle que diga el texto de su canción con toda la propiedad que le sea posible, porque justo ahí, en esa actitud corporal de templanza, ímpetu y coraje, se anima a presentar y exponer su voz con todo su aire, su voluntad y su energía vital.

La pauta es realmente sencilla. Simplemente daré, a continuación, un texto poético y tú lo leerás con la siguiente indicación en mente: piensa que estás de pie en el escenario de un gran teatro y que al declamar este texto llegarás hasta la última persona en la butaca más lejana. Intentaremos aplicar todo lo aprendido hasta ahora de la siguiente manera:

- Color: ante todo, confianza en tu propia voz, tu propio timbre y tu propia esencia. Imagina que el arcoíris brillante está ahí y tú solo eres parte de él. Inhala grande, bloquea unos segundos y luego exhala.

- Proyección: para hacerte oír, no necesitarás gritar. Para ello inhalarás una enorme tonelada de aire y lanzarás lejos tu voz como si lanzaras una pelota de *baseball*. De nuevo, lo que evitará que sea un grito en la garganta será el impulso, la confianza y la actitud que vienen desde tu abdomen abajo; también ayudará que tomes el aire por la boca pensando tu garganta adentro en posición amplia de bostezo. Solo déjate guiar por esta idea de "hacerte oír en un inmenso auditorio", sin que medie la amplificación de un micrófono. Esa sola idea te dará el resultado que buscamos.

- Registro: puedes timbrar un momento la consonante "M" para asegurarnos de que los resonadores faciales son el lugar donde buscarás lanzar tu voz y que no se quede apresada en la laringe. Cuando hayas terminado el ejercicio, puedes intentar repetirlo y jugar con unas tres tonalidades diferentes: tono grave, todo medio y tono agudo; es decir, lees el texto, pero en algunas ocasiones lo harás "finito", como el sonido de un pájaro o un ratón, y otras veces lo harás "grueso", como el sonido de un oso o un león. Luego, jugarás con una tonalidad intermedia entre el ratón y el león.

- Por último, vigila que tu voz se sienta lo suficientemente libre. No le agregues peso innecesario ¿Cómo lo harás? De nuevo, con la confianza y la velocidad de aire de esa bola de *baseball* que planeas lanzar. Confía en la mecánica natural del movimiento. No se trata tanto de pensar como de sentir.

Esas serían todas las indicaciones para ti. Acá te dejo el texto. ¡Cambia esa cara de seriedad y disfruta mucho el ejercicio! ¡Disfruta y ama tu voz!

TU ALIENTO ES EL ALIENTO DE LAS FLORES

(Gustavo Adolfo Bécquer)

"Tu aliento es el aliento de las flores,

tu voz es de los cisnes la armonía,

es tu mirada el esplendor del día,

y el color de la rosa es tu color.

Tú prestas nueva vida y esperanza,

a un corazón para el amor ya muerto,

tú creces de mi vida en el desierto,

como crece en un páramo la flor".

Al terminar este ejercicio, si te sientes motivado a cantar, podrías escoger una canción de tu agrado y declamar en voz alta la letra unas tres ocasiones. Luego, puedes entonarla con toda tu libertad. Hazte ese regalo para ti en un momento a solas, donde no tengas miedo a desafinar ni tengas ningún parámetro externo que diga si lo hiciste bien o mal. Date el permiso de habitar este ahora con amor.

Conexión con la tierra, el agua y el propósito: Costa Rica

"Solo hay dos maneras de ver los océanos: como las costas que nos separan o como el agua que nos mantiene unidos —Lidia Rodríguez

Yo regresé a Costa Rica en el 2020, después de haber vivido un año completo en Alemania. Regresé en plena pandemia. Creo que todos quienes leen este libro en el 2024 saben lo que la pandemia significó en cada una de nuestras vidas y de nuestra humanidad entera; creo que fue una de las sacudidas más enormes que todos, de una u otra manera, recibimos; una que, al igual que los sismos, vino a mover las placas tectónicas de nuestra identidad colectiva e individual.

En plena pandemia, aun estando en Europa, la actividad cultural mundial se congeló, y a mi regreso hacia Costa Rica eso no sería la excepción; así que mi actividad laboral se congeló dentro de lo esperado, como a muchas personas les sucedió en ese año.

Mi ventaja para la época, al igual que en muchas otras experiencias de mi vida, fue que, como lo reveló mi test de personalidad del que te hablé anteriormente, estoy catalogada dentro del grupo de los entusiastas y optimistas. Así que, laboralmente, inicié proyectos educativos con niños para inspirarles el lograr versiones de sí mismos que vuelen aún más lejos de lo que yo llegué.

Luego apareció, en 2022, una maravillosa experiencia de vida que me permitió aplicar la educación musical en un centro educativo multicultural e internacional, en un sitio que considero uno de los paraísos naturales más exuberantes del planeta y un santuario natural ubicado en mi país: bahía Ballena, en la península de Osa, en la zona sur. Allí tuve el gran privilegio de tratar con niños y jóvenes de muchas partes del mundo e intercambiar saberes en diferentes idiomas, y también en el idioma universal que es la música. Ahí inició para mí una búsqueda filosófica en torno a lo que nos une y nos separa como humanidad y encontré esta metáfora: todos somos barcos que navegan en el mar de la vida, todos tenemos diferentes gustos musicales, así como diferentes gustos de vestimenta o de alimentación.

Esas ligeras diferencias son nuestros barcos, pero sin importar cuán lejos o distinto te sientas de todos esos barcos que te rodean, todos llevamos algo en común: el agua nos sostiene y el agua nos une. No importa realmente que haya muchas cosas que prefieras no escuchar o decir; hay otras que son de trascendencia universal, como la paz, el respeto y la justicia, y por "muy en tu mundo que te sientas", tú eres parte de un mundo mayor del que todos somos parte y al que todos debemos atender.

Esa idea constante de que el agua nos une venía a mi mente mientras miraba las olas a la orilla de la playa y reflexionaba cómo era posible que ese mar tan inmenso diera al otro lado del mundo con países tan lejanos y distintos. En ese momento, empecé a sentir que las costas nos hablan de nuestras diferencias y de todos los kilómetros que separan una orilla de la tierra respecto a la otra (incluidas aquí las grandes diferencias culturales de las personas que en cada orilla habitan); sin embargo, el agua que poseemos en medio nos colocaba realmente cerca: a pasos o minutos de distancia de entrar en ella y estar de inmediato conectado con la otra orilla a la que también, en cuestión de minutos, moja el mar.

Entrar al agua de bahía Ballena casi todas las semanas durante un año entero me cambió la vida, la visión y las penas. Sí, por supuesto que yo cargaba mis penas por no estar activa cantando de la manera en que me habría gustado estarlo haciendo, aunque debo decir que tuve el canto más íntimo que jamás había tenido, porque por un año entero canté en anonimato para mí y para el mar. El agua marina de verdad tiene un poder mágico, y si estás en una playa que tiene la forma de la cola de una ballena dibujada en una entrada de mar que une dos playas, de inmediato te sientes conectado también con los cetáceos, el reino animal y vegetal, todo en el mismo lugar.

Lo lindo de aquella naturaleza es que se convirtió en mi confidente y mi compañera; llegué a sentir que podía entenderme como a nadie más. Yo también aprendí a entenderla. Algunas tardes la vi tan rebelde y temperamental que preferí respetarla y darle su espacio; mientras le preguntaba por qué andaba tan malhumorada, sentía casi oír su respuesta de vuelta diciéndome que ella también necesita su espacio y que también tiene derecho a sentirse temperamental sin que nadie se le acerque, como nos pasa a los humanos. Otros días fue la pasividad, la tranquilidad en el oleaje, que te sentías como en una piscina natural y cálida con los mejores atardeceres, con los brazos abiertos para consolarte, relajarte, darte ánimos y devolverte las fuerzas.

Lo más extraordinario que me enseñó el mar fue a nivel corporal y espiritual. El mar, o el agua en general, tiene esa capacidad de desconectarte de inmediato de tu cabeza, si así se lo permites. Es como desenchufar el cable que apaga de inmediato la televisión, y ya no hay diálogo allí arriba; ahora hay tiempo para simplemente estar en el momento presente. Solo el mar me enseñó a desenchufarme y, después de esa práctica por tantas tardes del año, aprendí a conectar con un diálogo tenue y suave que es el diálogo de la paz.

Volví en 2023 a mi amada playa, a la que considero hoy día mi *Casa Artística*, la que reaviva toda la inspiración de mi alma. Volví para un maravillosísimo proyecto que tiene todo mi corazón y que se ha denominado "Singing Soul"; es decir, "Alma que canta". Ese proyecto de 2023 consistió en talleres y conciertos que se propusieron plantear la música y el canto como vehículos para transmitir los valores de conservación ambiental y de promoción de la paz.

Niños y niñas de diferentes partes de Costa Rica, y también de bahía Ballena, se refirieron al planeta bajo el concepto "hogar" (esa palabra como tal nació de ellos y no de mí), Por medio de varios cantos y de una composición en torno a los cetáceos, todos profundizamos en la idea de que así como un bosque está compuesto por muchos árboles, cada uno de nosotros aporta una voz al mundo, una voz que puede traer belleza y paz.

Tu voz exterior está ligada ineludiblemente a la voz de tu alma y, así como lo dijera Steve Jobs en el epígrafe que coloqué para el primer capítulo de este libro, muchas veces el ruido externo ahoga nuestra propia voz. Quizás a veces intentas poner tu energía en el mundo, pero sientes que has hecho dibujos en la arena que fácilmente se llevan las olas, y que tus castillos imaginarios o tus deseos se ven reducidos a la nada. Tal vez, desde un punto de vista fantasioso, quisiera animarte a que pienses que el reinado de tu ser no sucede en las orillas, sino adentro, en el interior del mar;

que lo que tu corazón siente importa con gran relevancia en el universo y aquello que tu voz emite dibuja por doquier grandes castillos que se quedan en el corazón de quienes te conocen.

Hay criterios del mundo que a veces nos lastiman o nos atemorizan, y eso se ve reflejado también en la voz interna de nuestras cabezas y en la voz timbrada de nuestras gargantas; esas para mí son las orillas de la sociedad. No siempre tienes que estar de acuerdo y no siempre estarán de acuerdo contigo, pero si te fijas bien, no hay guerra en ello. Algunos son tortugas y otros son ballenas, pero ambos tienen como hogar el mismo sitio. Adentro de tu hogar tú tienes todo lo que necesitas. Y tu hogar es la vida. Y en tu vida, tu voz es una puerta o una ventana. No tengas miedo de salir y exponer tu propia voz, ser sencillamente tú. Tu voz es un tesoro y una compañera de camino que está todos los días junto a ti. Tu voz puede dar consuelo a otros, pero sobre todo puede darte consuelo a ti. Tu voz es un canal para traer más amor, más paz y más belleza al mundo, y eso sin duda comienza trayendo amor hacia ti.

CUARTO CUADERNO DE TRABAJO

¿Qué detalles diarios puedes tener para ti que traigan más amor y más paz a tu voz y a tu vida? Anota un detalle por cada día de la semana:

Lunes:_____

_____

_____

_____

_____

_____

Martes:_____

_____

_____

_____

_____

_____

Miércoles:_____

_____

_____

_____

_____

_____

Jueves:_____

_____

_____

_____

_____

_____

Viernes:_____

_____

_____

_____

_____

_____

Sábado:_____

_____

_____

_____

_____

_____

Domingo:_____

_____

_____

_____

_____

_____

Autoestima: Tu brillo vocal

"A mayor luz en ti, mayor brillo en el mundo"—
Shakti Gawain

El brillo de la voz va de la mano con el color y la anatomía individual, pero no son lo mismo. Como habíamos mencionado, el color es el timbre único e insustituible de cada quien, muy ligado también a su personalidad.

El brillo se puede apreciar y explicar mejor en la voz cantada que en la hablada, pero en ambos casos va ligado a la claridad propia de cada voz, muy cercana al ejercicio de sonreír, pues la sonrisa, en términos de técnica vocal, nos activa los pómulos y la resonancia facial; mientras tanto, en términos humanos, nos activa la alegría del espíritu. Como ya me vas conociendo en este libro, sabes que volveré a esta idea más adelante, pero antes de detenerme allí retomo el concepto desde un punto de vista técnico.

Los dientes superiores, los pómulos y la frente componen espacios de resonancia facial muy importantes para la voz. Una voz que está brillando de forma natural es una voz que no se siente fingida, obligada, oscura o temerosa. Por lo contrario, es una voz franca, fresca, presente y libre. Si está cantando, esa voz tendrá un vibrato y una presencia naturales; pero si está hablando, también.

De alguna manera, se podría pensar como una voz "chispeante", como un color neón intenso o como una lluvia de luces.

Brillante es presente y clara, esencialmente. En el canto acústico, se le distingue porque una voz sin brillo no pasará de las primeras butacas del teatro; necesita del brillo para lograr su proyección y amplitud. En el caso del canto que usa mediación sónica, ya sea para un evento en vivo o para una grabación, el brillo se nota sobre todo en la actitud, y lo mismo diría de la voz hablada. El brillo como concepto técnico está muy ligado a la actitud de presentarse y sentirse con brillo, con seguridad y con bienestar.

Recuerdo que para la preparación de uno de mis recitales, estando yo en proceso de ajustes técnicos de la voz por cambio de maestro de canto, la obra que debía interpretar era de un personaje "chispeante" *per se*: alegre, sagaz, con muy buenas ideas. Yo no lograba poner el brillo suficiente que necesitaba y, como tenía poco tiempo para interiorizar con vocalizos, se me hizo más fácil sonreír y "encarnar" el personaje lo más que pude. De hecho, recuerdo bien que dentro del camerino me miré al espejo y dije: −Ahora soy Lidia−; luego hice un ejercicio de estiramiento en el suelo y al levantarme miré de nuevo al espejo y dije: −¡Soy Rosina!

Nótese que lo que el personaje me transmitió fue una seguridad anímica y eso me dio la confianza para interpretar la obra de principio a fin. Aunque este fue un recurso actoral, creo que de vez en cuando nos es muy válido tomar las actitudes de esas personas o personajes que admiramos para complementar lo que en un período determinado carecemos.

Me gustó mucho la palabra "chispeante" que utilicé arriba. Piensa en un cielo estrellado lleno de muchos cometas apareciendo simultáneamente. Ese es el poder de tu sonrisa. Ese es el poder de tu brillo y de tu voz.

EJERCICIO VOCAL 5

En este ejercicio no te asignaré nada concreto sobre técnica vocal. Te encomendaré, sin embargo, llevar nota por un día de cuántas veces sonríes y que intentes percibir si la sonrisa le trae un aire distinto al sonido de tu voz.

Buscando nuevos horizontes: Austria, castillos y alpes de Salzburgo

"No es la montaña la que conquistamos sino a nosotros mismos"—Edmund Hillary

He decidido colocar este capítulo como cierre del libro, aunque cronológicamente Salzburgo me sucedió antes de bahía Ballena; lo he redactado ciertamente después de que había finalizado la escritura de las anécdotas de los cuatro países anteriores que eran los que consideraba contemplar. Creí que el libro estaba finalizado, que los capítulos anteriores estaban listos y no había nada más que agregar. Sin embargo, al terminarlo sentí que no estaba listo, pues hay una anécdota que no he narrado y que es bastante importante para mí, no solo en relación con el 2020, sino en lo que yo personalmente deseo indagar para mi autoconocimiento en este 2024; después de todo, a eso es a lo que te he invitado a lo largo de todas estas páginas. Compartirla contigo me ayuda a contestar mis propios interrogantes. Gracias otra vez por eso.

Estuve viviendo, estudiando y trabajando en Alemania hacia finales del 2019; un año de mi vida inolvidable, con preciosas experiencias sobre todo a nivel familiar, porque en Alemania encontré a una segunda familia que me aceptó como parte de ellos, y cuyo vínculo no solo me dio esa sensación de "zu Hause" (que en alemán significa "estar en casa"), sino que también me dio todo ese refugio cuando a inicios de 2020 se desarrolló la pandemia. Yo estuve segura; la vida y el año siguieron transcurriendo muy cercanos a la normalidad; aunque los teatros y la cultura afuera se habían congelado en Europa, yo tenía a mi alrededor cuatro niños y dos abuelos con los cuales el teatro no se detuvo.

Quisiera anotar un pequeño paréntesis acá de algo que me resulta muy importante. Yo creo realmente que el amor y la empatía son parte de la misión intrínseca de todos los humanos y que amar no es necesariamente encontrar situaciones, lugares o personas que son idénticos a ti. Más bien, el amor y la empatía muchas veces empiezan justamente ante lo diverso, ante quien viene de otro sitio, habla otra lengua materna o se formó en tradiciones y culturas distintas a ti; allí, ante lo que no es igual a ti, tú eres capaz de amar, ser tú mismo en armonía, permitiendo que el otro sea como es y reuniendo así dos o más notas musicales que al sonar simultáneamente conforman preciosos acordes y melodías.

Alemania fue ante todo un período de familia y de cultura para mí, pero también hubo música. Aunque fue más bien en Austria donde ocurrió mi última experiencia musical y donde se abrió un gran signo de interrogación para mí.

Era septiembre de 2020 y estaba a pocos días de volver a Costa Rica tras el cumplimiento del período de mi estancia en Alemania; ahí llegó el momento del concurso en Salzburgo en el que me había inscrito.

Todavía quiero esperar un momento antes de narrar la anécdota, porque quiero traer acá un comentario no solo en relación con los concursos de canto, sino también con lo que tiene que ver con la singularidad de nuestras voces y nuestras vidas.

La voz no tiene separación con nuestro cuerpo ni con nuestra alma, a menos que así lo pensemos o queramos en alguna medida; sin embargo, esa medida existirá en nuestras cabezas únicamente y sí, ¡cuidado!, ¡porque nuestras cabezas crean mucho!, muchísimo más de lo que a veces creemos.

En esencia, la voz somos nosotros y nosotros la voz, en nuestra voz está nuestra alma y nuestro corazón. Entonces, ¿por qué razón a veces nos resulta difícil encontrar nuestra singularidad si literalmente ya la llevamos puesta? o ¿por qué todos, de una u otra manera, en un período de la vida más o menos corto, nos hemos sentido amenazados por lo que hay afuera y llegamos a tener poca claridad o justicia en relación con lo que somos?

Nuevamente, solo en nuestro pensamiento puede existir la separación. Por supuesto que hay mucha injusticia allí afuera, pero en relación con nuestras voces, con nuestro ser, ese conflicto de la separación quizás sea necesario por un tiempo para aprender algunas lecciones, aunque no eternamente.

Volviendo a la narración de Salzburgo, no les privaré de un elemento mágico que me sucedió en esta historia. Una mañana, estando yo en la salita de la familia alemana, pensé en lo mucho que me gustaría tener un vestido color rojo vino para el concurso y en ese momento, de una u otra forma, lo pedí al cielo . Pocos días después, entró la señora alemana a la casa con una bolsa negra y me dijo: −Mira, Lidia, este era el vestido de mi festejo de quince años, lo teníamos en la bodega y pensé en donarlo, pero quería preguntarte antes si te interesaría para cantar, ya que usas mucho los vestidos de gala−. Era un bonito vestido rojo vino, exactamente a mi medida y de mi total agrado; no tuve que coser ni un centímetro de largo o ancho, algo raro porque la muchacha era una austriaca muy alta; yo era una versión de ella a sus quince años, pero funcionó de maravilla.

Para mí era un milagro, un bello regalo de Dios en esas extraordinarias circunstancias. Ahora que lo pienso, no era necesariamente un regalo suyo para la competencia de canto, sino un regalo de compañía para la ilusión de mi corazón.

Me sentí en fantástico augurio llevando ese vestido a Salzburgo; pensé en reservarlo para la segunda o tercera ronda, pero luego decidí que me daría más valentía cantar con él en la primera ronda del concurso. Canté ante el panel una pequeña aria (extracto de ópera) del compositor Donizetti. Uno de ellos dijo "Danke" (gracias) al final de mi interpretación. Eso fue todo. No hubo segunda ni tercera ronda para mí.

Es interesante que hay momentos pivote de la vida en donde esperamos tener claridad para tomar decisiones importantes y donde además quisiéramos que haya un vestido rojo vino al inicio del pasillo y al final de este. Incertidumbre era todo lo que sentía. Por mi forma de ver las cosas y mi fe, me atreveré a agregar que creo que siempre tenemos vestidos rojos vinos, señales o regalos a ambos lados del camino, pero si nuestra mente está fija en una sola expectativa que nos decepciona, naturalmente no los podremos ver. A mí me ha tomado varios años desde aquel día, pero siento que hasta ahorita estoy usando ese traje que no vi, que en realidad significa el otro lado de lo que no podemos contemplar con los ojos llorosos; lecciones y madurez que solo el tiempo da, y algo de propósito por descubrir.

Incertidumbre y por supuesto tristeza fueron mis sensaciones aquella noche. Tras algunas horas de haber caído en razón por los resultados de la primera ronda, llamé a un amigo tenor que me dio un poco de consuelo: en esta carrera recibes mil "no" para luego recibir un "sí". Recuerda que no es de velocidad sino de resistencia. Sigue adelante.

Por la mañana, fui a caminar al centro de la ciudad de Mozart (Salzburgo es la ciudad donde nació Mozart). Pensé que quizás su espíritu me traería algo de consuelo e inspiración, pero yo estaba muy enojada, así que no había lugar para la inspiración.

Enojada ahora con Mozart por no decirme nada, subí hacia la montañita donde estaba mi hospedaje y luego caminé hacia arriba la montaña (varios caminantes hacían esa ruta).

Subí esa hermosa y pequeña montaña que hay en Salzburgo, la que parece que solo disfrutan los locales, pues los turistas se concentran en la ciudad, que no es para menos por su historia y por su encanto.

En fin, subí y me senté allá arriba. Allí sentada, tuve mi diálogo pendiente con Dios sobre mi vestido rojo vino y mis pésimos resultados. La vista era radiante, porque desde esa altura se veía en círculo una buena parte de la cadena montañosa de los Alpes. Guardo una reflexión personal de ese día relacionada con la pequeñez y la inmensidad, pero sobre todo con la paciencia y el tiempo.

Mientras me sentía triste y buscaba en el GPS dónde quedaba el mapa de Alemania y dónde el de mi país, pensaba un poco en dónde estaba ahora y qué seguía para mí. Noté que la montaña donde estaba en aquel momento era el otro lado del Königsee (mi lago favorito de Alemania) y reflexioné en torno a la relatividad de la perspectiva al mirar el castillo y la ciudad que ahora lucían tan pequeños, al igual que las montañas, las que se veían ahora muy distintas a como las vi desde allá abajo. Aquel día, mi regalo fue ese: la idea de la inmensidad que siempre somos y llevamos dentro, una inmensidad que, de acuerdo con el lugar donde estemos, se mirará de forma distinta.

Por supuesto que, en un panel de jurados, la particularidad de cada voz no se puede realzar de más. Su trabajo es encontrar los errores, mientras que el trabajo de los concursantes es dar lo mejor de sí y prepararse con la mayor dedicación posible. De hecho, creo y sé que si la usas para tu crecimiento, una competencia puede sacar de ti, a nivel profesional, resultados y mejoramiento que a veces de otra manera no saldrían a relucir. Ese es parte de tu capital después de cualquier concurso, no solo la satisfacción del esfuerzo entregado y de la participación, sino los frutos que te quedan en la mano según tu nivel y tu desempeño, los que ahora son mejores que antes. Vale la pena usarlos a tu favor y al de los otros, si así lo deseas.

Mis interrogantes de aquella experiencia están ahora mejor contestadas para mí; después de estos cuatro años, esa vivencia se ha terminado de asentar en mi ser. Esto lo sé porque ahora hay una novedad que en aquella época faltaba y que deseo compartir contigo. Mucha diferencia existe entre ponerte en el centro de la competitividad o la industria como tu única opción y acercarte a estas como una posibilidad más. Por las circunstancias que debieran ser para mí, Salzburgo en aquel año se colocó como mi única barca, mi única opción; por un año entero, lo convertí en mi mayor ilusión y mis expectativas se engrosaron en torno a esa sola posibilidad. El riesgo emocional es mayor en esas condiciones y las experiencias, incluso a nivel humano, a veces no son tan provechosas.

Ahora las cosas son distintas para mí, porque la competitividad es parte de mi mundo, pero no todo mi mundo; desde ese lugar, uno se puede animar incluso a aportar en lo que aún no existe o, al menos, a simplemente jugar con las otras posibilidades con mayor paz y estabilidad interior. Puedo ir a un concurso de canto, pero ni mi vida, ni mi carrera ni mi futuro dependen enteramente de ello. Puedo permitirme ir a esos concursos o audiciones con una conciencia distinta en función de mi mejoramiento técnico y crecimiento personal, pero sobre todo en el disfrute de compartir y hacer arte. No ser seleccionada como el personaje principal o no llevarme el premio que pretendía solo desinfla un globo en la lista de muchos más globos de helio que elevo en el cielo de mi cotidianidad y también de mis sueños. Tener más globos allá arriba es bastante importante y con ello me refiero a más alternativas y más proyectos que dan sentido de autorrealización, satisfacción y servicio.

Podría ser que este libro esté siendo leído en este momento por un músico o un estudiante; quisiera tomarme la atribución de aconsejarte, basada en todas estas experiencias, que eleves bastantes globos al cielo de tu vida y que en algún momento te des la oportunidad de acercarte con esta perspectiva al mundo de la competitividad; busca allí lo que saque la mejor versión de ti, si lo necesitas. Los retos realmente son necesarios; estos también se pueden hacer en privado y en forma individual, si es mejor así para ti. Pero una vez que pase el evento competitivo, sea el caso que lo "pierdas" o incluso que lo "ganes", considera toda esa energía que solo tú puedes brindar, como el ser único que eres sobre la faz de la tierra.

Lo cierto del caso es que desarrollar este libro me ha hecho considerar la belleza y la importancia de la singularidad. Como lo cité en el primer capítulo, el hecho de que tengas una voz propia que nadie más tiene significa realmente mucho. Sin ponernos trágicos, piensa por un momento conmigo: cuando nos hayamos marchado de este mundo, ¿cómo será recordada tu voz? Más que una pregunta que nos conecta con la muerte, es una pregunta que nos coloca con la vida y con el amor, porque estoy segura de que muchas personas extrañarán tu voz. Probablemente, lo que más se extrañará de tu voz no serán los discursos memorables dados en público; a veces sí, para las relaciones más distantes, pero para tu gente cercana la voz más entrañable será sin duda la que usaste para hablar, cantar o compartir con amor. Es una muy hermosa oportunidad poder tener una voz, ¿no crees?

Por eso, después de este libro, el tema de la singularidad seguirá sin duda siendo muy relevante para mí. Me tomé la atribución de compartirte bastantes anécdotas personales acá, en primer lugar, por la confianza que este espacio me ofreció; y, en segundo lugar, con la gran esperanza de que vieras en mí y en las emociones detrás de mis experiencias la simple trayectoria de un ser humano más, que ha intentado usar y amar la voz que Dios le dio, en agradecimiento y en amor.

Recuerda tu singularidad en todas las esferas de tu vida. Te necesitamos siendo tú, con tu propia voz y *senza paura*.

QUINTO CUADERNO DE TRABAJO

Mi último cuaderno de trabajo para ti lo quiero sugerir en coherencia con la frase célebre que inició este capítulo, atribuida a uno de los dos alpinistas que llegaron por primera vez a la cima del monte Everest, Edmund Hillary: *"No es la montaña la que conquistamos sino a nosotros mismos".*

La voz es un canal hacia el mundo exterior, pero sin duda también para el mundo interior. Las metas y las montañas son grandes motivaciones en la vida que, ante todo, nos incentivan a esculpirnos a nosotros mismos como esculpe la madera o la piedra el escultor. En cada maratón, desde el primer paso hasta el último cuentan para el resultado final y también para la calidad del proceso general del camino que recorremos.

Tu voz es también la suma de todos los minutos hasta ahora invertidos y respirados, porque eso también es la vida y la voz es parte de tu vida.

Yo quisiera animarte a que pienses por unos momentos en qué es lo que te hace único y singular en tu voz y en tu vida en general. No rebusques detalles en donde intentes resaltar entre la mayoría de personas, como si necesitaras buscar en ti una especie de elixir enterrado. Eso hace más complicada la faena y en realidad este ejercicio busca ser sumamente simple.

Inhala y exhala. Inhala y exhala. Inhala, bloquea y exhala. Solo intenta estar contigo mismo por unas respiraciones más. No tienes que confeccionarte, ni configurarte con complejas operaciones científicas; no tienes que combinar los más exóticos ingredientes para crear la receta de tu ser. Solo tienes que respirar. Sintoniza con tu particularidad como quien aspira un minuto un buen perfume singular.

Y con esa simplicidad que ya eres, sin dejar que tu mente lo complique, debes salir, exponer tu propia voz y ser sencillamente tú.

Anota lo que sientes al respirar de forma relajada, sin pretensiones ni preocupaciones; comprométete a escoger un espacio y lugar para simplemente respirar durante tu semana y juega con las siguientes interrogantes: si fueras un perfume, ¿qué fragancia te gustaría compartir? Si fueras un ser humano con un alma y una voz únicas, ¿qué más desearías conquistar?

_____

_____

_____

_____

_____

_____

_____

_____

_____

_____

_____

Buscando nuevos horizontes: Austria, castillos y alpes de Salzburgo

_____

_____

_____

_____

_____

_____

_____

_____

_____

_____

_____

_____

_____

_____

_____

Reflexiones finales

Realmente espero que hayas disfrutado de este libro tanto como yo, y que te sea útil y significativo como para mí lo está siendo. Debo agradecerte que la motivación de escribir estas letras para alguien que deseara o necesitara escucharlas me obsequió lindas horas de conexión con mi propia historia y mi propia voz; espero que eso haya sido lo que inspirara en ti también.

Creo que no tengo mucho más que agregar de momento, más que motivarte a que cada día busques mirar tu voz con esos ojos de admiración que merece, porque lo cierto es que ella, así como todo tu cuerpo y todos tus sentidos, son un auténtico milagro como tu vida misma. Siempre que desees, ella está ahí para revelarte pedazos de ti que quizás habías obviado u olvidado, y lo más importante: ella es siempre un camino vigente para encontrarte contigo mismo y amarte cada vez más.

Tu voz seguirá siendo el vehículo que canalizará tu dulzura o cualquier emoción que portes contigo; ya sabes que su naturaleza es la de ser transparente como un vidrio.

Lo bueno es que ahora sabes que todo esto se trata de seguir siendo humanos en nuestra mejor versión, poner un poco de más amor y avanzar cada día más en el camino hacia una vida *senza paura*!

EJERCICIO VOCAL 6: Visualización final

No quería despedirme sin antes obsequiarte un último ejercicio con una de las prácticas de *mindfulness* que más amo: la visualización. Te aconsejo que busques un lugar y momento adecuados donde no te interrumpan, un tiempo solo para ti. Cierra los ojos.

Empezaremos tomando unas respiraciones profundas, lentas y pausadas. Inhala grande durante unos segundos y luego libera el aire. Volveremos a tomar lentamente una respiración y después de unos segundos exhalamos. Una vez más inhalamos y exhalamos.

En la siguiente respiración, quiero que pienses en una emoción negativa que te gustaría dejar ir, quizás un temor o un complejo, y después de la inhalación imaginaremos que lo despedimos de nuestra vida, lo dejamos ir. Inhalamos paz y exhalamos todo eso que ya nos pertenece. Inhalamos amor y exhalamos temor.

Ahora, imagina que empiezas a caminar y te adentras en una montaña teñida de azules, lilas y morados. Justo después de haber avanzado unos pasos, hueles la frescura del ambiente de un aire muy puro con olor floral. Inhala y luego exhala. Luego, en tu camino te percatas de dos inmensos lagos con un color turquesa intenso, uno que se abre a tu derecha y otro a la izquierda de tu vereda; tú atraviesas ambos por medio de un camino ancho y seguro hacia el frente. Inhalas y exhalas.

SENZA PAURA Ama tu voz. Ámate a ti.

Descubres pronto de dónde viene el olor floral, porque a ambos lados del camino que recorres hay ramos grandes de flores naturales radiantes y olorosas, con diversidad de formas y colores, así como de hojas alargadas. Avanzas en este camino y sientes paz. Inhalas y exhalas.

Luego percibes que allí sobre tu vereda se dibujan como cuerdas de guitarra encima del camino; son más bien hileras luminosas que parecen emitir sonidos conforme caminas por allí. Sigues avanzando. Inhalas y exhalas.

Del agua de los lagos que tienes a tu derecha e izquierda, se vienen tenues vientos que llenan tus pulmones de un aire limpísimo que te da salud y vitalidad. Este viento acaricia un poco tu cabello y tu rostro también, con suavidad; miras algunas aves que vuelan de un lado a otro entre los lagos, guiadas por el viento, formando como arcos mientras pasas.

Ahora, hacia el final de esta vereda, llegas a un antiguo puente circular de rocas grandes color mármol. Te subes allí y tienes una vista panorámica del paisaje. Te vuelves hacia atrás y miras lo que tienes frente a ti. A tus espaldas, aparecen las grandes montañas en forma de volcán que resguardan los vientos como lo hacen tus pulmones. Inhala y exhala.

Te das cuenta de que gracias a ese aire y cuando tú decidías caminar surgía a tu alrededor la magia del sonido. Un sonido sinigual que no has escuchado en

176

ningún otro sitio. Un sonido único. Esa vereda se asemeja a tus cuerdas vocales, cuya contextura e ingredientes escondidos las hacen fabricar sobre la tierra colores que nadie más tiene la capacidad de hacer. Inhalas y exhalas.

Ahora reanudas tu camino a casa, así que te vuelves de nuevo y abandonas pronto el puente. Das un último vistazo al sitio y piensas en la belleza y la paz que hoy te permitiste encontrar, lo bien que se siente estar acá. Te preguntas por un momento cómo lo podrías frecuentar más a menudo o si eso sería posible para ti. En ese mismo momento, en este país de la imaginación, sucede algo especial: el camino se arrolla como una escalera circular y esa rueda viene hasta ti y se instala en tu garganta. Los lagos turquesa y los dos montes azulejos se disipan en minúsculas partículas y se instalan en tus dos pulmones, junto a las aves que se instalan debajo de tus costillas, en una almohadilla circular de tu cuerpo llamada diafragma.

Inhalas y exhalas; curiosamente, tienes una antigua sensación como si siempre hubieran sido parte de ti y como si esos lugares donde ahora están siempre te hubieran pertenecido.

Del otro lado del puente ha quedado un color blanco como un lienzo vacío; piensas de inmediato en todos los mundos que eres capaz de crear, en toda la energía que puede salir de ti, todas las emociones que eres capaz de sentir y todo lo que tu voz puede emitir.

Te vas despidiendo de la escena, soplando un viento dulce que plasma una imagen bella en el lienzo; el lienzo ahora es un espejo y te ves a ti. Envías más de ese aire tuyo que nace de los lagos y las montañas de tus pulmones, el que sube por el camino de texturas y sonidos de tu laringe. Ese aire que lanzaste al espejo viene de vuelta hacia ti y piensas en lo bueno que esto también se siente. De pronto, el espejo se convierte en una fotografía que se reduce al tamaño de tu bolsillo, cabe en tu corazón; allí decides almacenarlo. Ahora conoces tu superpoder. Inhalas y exhalas. Inhalas y exhalas.

Vas a ir regresando poco a poco al aquí y al ahora de tu vida cotidiana, con consciencia de tu cuerpo. Para ir cerrando este momento, dirige lentamente una mano sobre tu corazón y la otra sobre tu garganta; sintoniza con el río de energía vital que corre en ti. Da las gracias a todo tu cuerpo y a toda la paz que habita en ti. Da las gracias a tu voz. Da las gracias a toda tu vida y a todo tu ser. Inhalas y exhalas.

Me despido de ti por ahora, dándote las gracias una vez más por tu valioso tiempo acompañándome en estas páginas y por tener un color vocal y un color humano que te hace insustituiblemente tú. Lo que sea que desees emitir con tu voz o construir con la energía de tu corazón sobre este mundo es necesario y posible. Cree en ti. Ama tu voz. Ámate a ti.

Nota. Puedes contactarme para cualquier duda o comentario sobre este libro al correo electrónico lidiaclassicalsinger@gmail.com. También encontrarás materiales complementarios relacionados con mi página web lidiaclassicalsinger.com y puedes obtener un recurso descargable gratuito al hacer clic en la palabra "Senza Paura" en el siguiente código QR.

¡Gracias nuevamente y hasta nuestro próximo encuentro!

Sobre la autora

Realizó sus estudios preuniversitarios y universitarios en canto en San José, en la Universidad de Costa Rica,  aunque para ella el canto inició desde los villancicos de su infancia, de las melodías de sus padres y del canto de las aves de su pueblo natal.

Participó como solista en el Réquiem de Mozart, en el Teatro Rubén Darío, Nicaragua, y en la ópera La Cambiale di Matrimonio, en Costa Rica. En México, cantó el rol principal de Hansel en la ópera Hansel und Gretel, de Humperdink, en el Festival de Ópera San Luis Potosí (2019); además, fue parte de festivales de música de cámara en Noruega (2015), Londres (2017) e Italia (2018).

Realizó estudios de canto y alemán en Múnich, Alemania, del 2019 al 2020. Como maestra, participó brindando *master classes* y conciertos en el Festinart San José (2022) y en el Festival Internacional de Música Kinish (2023), en la ciudad de Hidalgo, México.

Como maestra y coach vocal dedicada, Lidia ha dirigido masterclasses y se ha presentado en eventos renombrados como Festinart San José 2022 y el Festival Internacional de Música Knish 2023 en Hidalgo, México. Se ha especializado en el repertorio clásico de música de cámara, así como en oratorios y recitales de canciones de arte. Además de su trabajo con 'Residencia Artística Singing Soul,' que incluye conciertos y talleres que utilizan la música y el canto como vehículos para promover la conservación ambiental y la paz, Lidia también ofrece coaching vocal y lingüístico a estudiantes de todo el mundo.